탐탐

05

교양관

세상에 맛있는 **와인이 너무 많아서**

JN412793

언제 마실까? 초보자를 위한 와인 추천 43

와인디렉터 양갱 지음

WINE

21세기북스

이렇게나 좋은 와인,
함께 알아가고 싶습니다

여러분은 좋은 추억을 어떻게 떠올리나요? 오래전 기억을 돌아볼 때면 누구와 어디에서 무엇을 했는지 떠올리게 되죠. 소중한 사람들과 함께한 기억일수록 세세한 것들을 헤아리는 경우가 많습니다. 그 순간의 향기와 맛 등 감각적인 것들을 함께 기억하기도 합니다. 누군가는 사랑했던 연인이 사용하던 향수 냄새를 맡을 때 데이트했던 순간을 떠올릴 것이고, 누군가는 가족과 즐겁게 먹었던 음식을 먹을 때 그날 가족들과 기뻐했던 일이 떠오르겠죠?

와인도 이처럼 강력한 매개체 역할을 하는 음료입니다. 저는 보르도 지역의 와인을 마실 때마다 처음으로 와인을 마셨던 날이 떠오르곤 합니다. 와인 한 잔에 행복했던 순간들이 새록새록 되살아나지요. 좋은 기억을 상기시키는 것들은 수없이 많지만, 그중에서도 와인은 참 특별하게 느껴집니다. 와인의 향, 맛, 함께 나눴던 이야기들이 고스란히 기억에 남기 때문입니다.

저에게도 와인은 지난 기억을 돌아보게 하고, 새로운 추억을 만들어주는 좋은 친구입니다. 결혼 10주년이던 2020년, 결혼 기념일을 축하하기 위해 아내가 가장 좋아하는 보르도 지역 와인 중 2010년에 생산된 것으로 준비한 일이 있습니다. 우리가 결혼한

해에 생산된 포도로 만든 와인이었죠. 작은 와인병 속에서 10년이라는 세월을 견뎌온 와인을 마시면서 지난 10년을 되돌아볼 수 있는 즐거운 경험이었습니다. 그날 아내와 함께 마신 와인은 평생 잊을 수 없을 것 같습니다.

이 책도 이렇게 즐겁고 의미 있는 경험을 더 많은 분들과 함께 나누고 싶어서 쓰게 됐습니다. 와인은 잘 모르는 사람들에게 너무 어렵고 복잡하며 비싸다는 생각이 앞서기 쉽습니다. 저 또한 그랬기에 처음 와인을 접하는 분들의 고충을 잘 알고 있습니다. 이 책으로 와인에 대한 오해가 풀리고 와인을 조금 더 쉽게 바라볼 수 있길 바라는 마음입니다.

이렇게나 좋은 와인을 여러분들과 함께 알아가고 나누고 싶습니다.

와인디렉터 양갱

Contents

Inside

당신의 일상을 풍요롭게 할 와인 한 모금

How to

와인을 100% 즐기는 방법

Part 1. 아는 만큼 맛있다

Part 2. 와인 선택 가이드

Contents

Part 3. 실전 와인 구매 가이드

와인이 있는 삶

세상에 맛있는 와인이 너무 많아서

Inside

당신의 일상을 풍요롭게 할

와인 한 모금

나는 '와잘알'?
아니면 '와알못'?

당신은 와인을 즐기는 '와잘알'인가요? 아니면 와인을 모르는 '와알못'인가요?
자신의 와인 마니아력을 와인 상식 빙고로 확인해보세요!

어디선가 와인을 마셔본 적이 있다.	와인을 선물받은 적이 있다.	진열장에 와인을 보관 중이다.	와인을 오픈하다가 코르크 마개를 부러트린 적이 있다.	가장 선호하는 와인은 묵직한 풀 바디 스타일의 레드 와인이다.
드라마나 영화에 나온 와인을 구매해 마신다.	와인을 마시는 분위기를 좋아한다.	특별한 날 외에도 와인을 마신다.	화이트 와인은 달콤하다.	와인 가격에 대해 잘 안다.
레드 와인은 쓰다.	와인 숍을 가봤다.	와인을 마시고 싶으면 그때그때 구매한다.	싼 와인 중에서도 맛있는 와인을 안다.	와인을 숙성시켜 마신 적이 있다.
한국에서 생산되는 와인을 마셔봤다.	와인 셀러가 집에 있다.	보유하고 있는 와인이 50병이 넘는다.	주로 1만 원대의 와인을 마신다.	대형 마트 외의 구매처에서 와인을 산 적이 있다.
나만의 와인 고르는 기준이 있다.	와인 세일 행사 기간에 몰아서 구매한다.	고가 와인을 구매해본 적이 있다.	단골 와인 숍이 있다.	'돔 페리뇽'이라는 와인 이름을 들어본 적이 있다.

빙고 결과 확인

0줄

와인을 거의 마시지 않아 와인에 대해 잘 모르는 **와알못**일 확률이 높습니다. 와인이 비싸고 어려운 술이라고 생각해 거리감을 느끼고 있을지도 모르겠네요. 하지만 와인에 대해 조금이라도 알고 싶다면 이 책을 잘 따라와주세요.

1줄

이제 막 와인의 맛을 알아가는 **와인 입문자**일 확률이 높습니다. 아직 다양한 와인을 모두 접해보진 못했지만, 접근성이 좋은 와인부터 차례로 마셔보고 있을 수도 있겠네요. 더 다양한 와인을 알고 싶은 생각이 있습니다.

2~3줄

일상에서 와인을 즐기는 **와인 러버**일 확률이 높습니다. 식사를 하며 자연스럽게 와인을 곁들이고, 특별한 날에는 특별한 와인을 준비하기도 합니다. 와인의 맛을 끌어올릴 와인 용품에 관심을 가지기 시작했을 겁니다.

4~5줄

와인에 진심인 **와인 마니아**일 확률이 높습니다. 단순히 즐기는 수준을 넘어, 와인의 맛을 구분하고 그 맛 자체를 즐깁니다. 보다 맛있는 와인을 찾기 위해 기꺼이 수고를 마다하지 않고, 와인 용품도 종류별로 사용해봅니다.

6줄 이상

고수의 포스를 뽐내는 **와인 준전문가**일 확률이 높습니다. 품종, 생산지, 빈티지 등을 따져 가며 와인을 구분할 줄 알고, 와인에 담긴 역사와 이야기에도 빠삭합니다. 주변에서 와인 추천 부탁을 많이 받으며 준전문가로 인정받고 있습니다.

와인과 함께하는
일상

와인은 한때 고급 술, 비싸고 어려운 술로 인식됐지만
이제는 우리 일상에 스며들어 익숙하고 친근한 술로 변화하고 있습니다.
와인을 사랑하는 사람들은 어떻게 와인을 마시는지, 그 패턴을 알아봅시다.

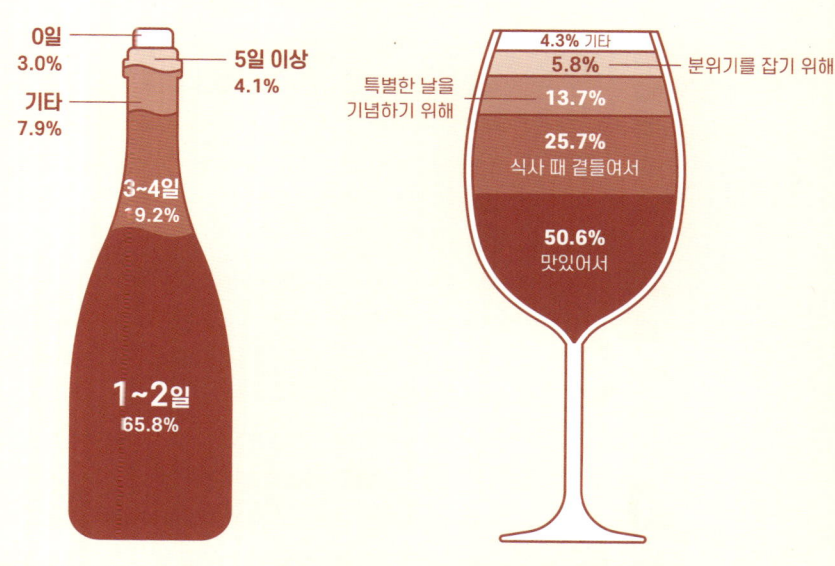

0일
3.0%

5일 이상
4.1%

기타
7.9%

3~4일
9.2%

1~2일
65.8%

4.3% 기타

5.8%   분위기를 잡기 위해

특별한 날을
기념하기 위해   13.7%

25.7%
식사 때 곁들여서

50.6%
맛있어서

일주일 동안 와인 마시는 횟수

'와인디렉터 양갱' 구독자들은 일주일 중 '1~2일' 정도 와인을 마시는 사람이 65.8%로 가장 많았습니다. 술이라는 특성상 주말을 이용해 와인을 즐기는 것으로 추측해볼 수 있습니다. 그다음으로 '3~4일' '기타' '5일 이상' 순으로, 와인에 관심이 있는 사람들은 일상 속에서 자연스럽게 와인과 함께 한다는 점을 알 수 있습니다.

와인을 마시는 이유

와인을 마시는 이유로는 '맛있어서'가 50.6%로 과반수를 차지했고, '식사 때 곁들여서' 와인을 마시는 사람도 25.7%로 많았습니다. '특별한 날을 기념하기 위해'서나 '분위기를 잡기 위해' 와인을 마시는 사람은 13.7%와 5.8%로, 확실히 예전에 비해 와인이 친근한 술이 됐다는 사실을 한눈에 확인할 수 있습니다.

와인을 구입하는 곳

37.5% 대형 마트
23.9% 와인 전문 숍
16.1% 대형 와인 아웃렛
11.9% 편의점
7.5% 백화점
3.1% 기타

와인을 주로 구매하는 곳은 '대형 마트'가 37.5%로 가장 많았고, 개인이 운영하는 소규모 숍이나 프랜차이즈 형태의 가맹 숍 등 '와인 전문 숍'이 23.9%로 그 뒤를 이었습니다. '대형 와인 아웃렛'이나 '편의점'은 각각 16.1%, 11.9%를 차지했습니다. 요즘은 웬만한 마트나 숍에서 원하는 와인을 구매할 수 있기 때문에 대부분 접근성이 높은 곳에서 와인을 구매한다는 점을 알 수 있습니다.

와인 선택 기준

28.2%
예산에 맞는 와인 선택

26.5%
그날 먹을 음식과 어울리는 와인 선택

19.5%
가게 점원이나 와인 전문가의 추천을 받아 선택

14.9%
자주 마시는 와인 반복 선택

10.9%
기타

와인을 선택하는 기준으로는 '예산에 맞는 와인 선택'이 28.2%, '그날 먹을 음식과 어울리는 와인 선택'이 26.5%로 비슷했습니다. '가게 점원이나 와인 전문가의 추천을 받아 선택'하는 사람이 19.5%, '자주 마시는 와인을 반복 선택'하는 사람이 14.9%로 그 뒤를 이었습니다. 재밌는 점은 기타를 선택한 10.9% 중에는 유튜브나 와인 어플리케이션을 참고해 와인 리스트를 만들어두고 매번 새로운 와인에 도전해본다고 한 사람이 많았다는 것입니다. 와인은 수많은 종류가 있기 때문에 모험심을 가지고 도전해보는 것도 특별한 즐거움이 될 것입니다.

와인을 마실 때 가장 어려운 점

36.2% 어떤 와인을 선택해서 마셔야 할지 모른다
30.2% 맛있게 마시는 방법을 모른다
18.2% 기타
14.5% 보관 방법이 어렵다
0.9% 와인 용품을 사용할 줄 모른다

와인을 마실 때 가장 어려운 점으로는 '어떤 와인을 선택해서 마셔야 할지 모른다'는 사람이 36.2%로 가장 많았습니다. 종류가 많은 만큼 선택의 어려움이 가장 크게 다가오는 것 같습니다. 그다음으로 '맛있게 마시는 방법을 모른다'는 사람이 30.2%였고, 18.2%를 차지한 '기타'에서는 와인의 맛과 향을 세부적으로 느끼기 어렵고 지금 마시는 와인의 상태가 이 와인의 최상의 맛인지 모르겠다는 의견이 많았습니다. 그만큼 와인을 전문적으로 즐기기 시작한 사람이 많아지고 있다는 것을 보여주는 결과였습니다.

와인 정보를 얻는 곳

39.4% 유튜브 등 영상 콘텐츠
31.1% 인터넷 검색
17.2% 와인 전문 어플리케이션
5.0% 구매처 및 수입사 정보 팸플릿
3.7% 기타
3.6% 와인 전문 잡지

와인 애호가들이 와인 정보를 가장 많이 얻는 곳은 유튜브와 같은 '영상 콘텐츠'였습니다. 39.4%의 사람들이 영상 콘텐츠를 이용한다고 밝혔습니다. 인터넷 검색 또한 31.1%로 여전히 많은 비중을 차지하고 있습니다. '와인 전문 어플리케이션'을 이용하는 사람은 17.2%로 생각보다 많지 않았고, 팸플릿이나 잡지는 그보다 더 비중이 낮았습니다. 결국은 와인 정보도 접근성이 좋아야 하는 것 같습니다.

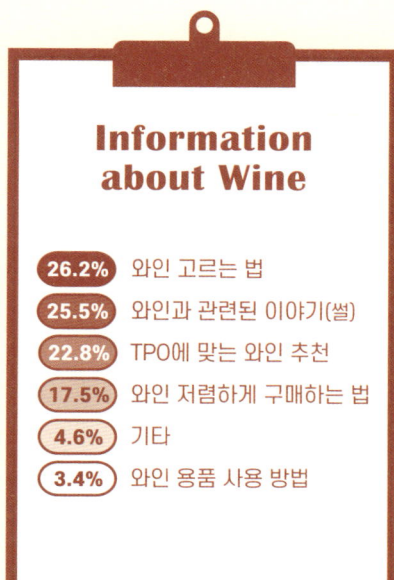

Information about Wine

26.2% 와인 고르는 법

25.5% 와인과 관련된 이야기(썰)

22.8% TPO에 맞는 와인 추천

17.5% 와인 저렴하게 구매하는 법

4.6% 기타

3.4% 와인 용품 사용 방법

'와인디렉터 양갱'에게 원하는 와인 정보

마지막으로 와인 애호가들은 저희에게 '와인 고르는 법'과 '와인과 관련된 이야기'를 가장 많이 원했습니다. 26.2%와 25.5%로 거의 비슷한 선택을 받았습니다. 'TPO(시간·장소·상황)에 맞는 와인 추천'도 22.8%로 바로 그 뒤를 이었습니다. 상황에 맞는 맛있는 와인을 선택하고, 그 와인에 관한 풍성한 이야깃거리도 있다면 그것이 바로 가장 훌륭하게 와인을 즐기는 법이 아닐까 싶습니다.

❖

와인은 이제 더 이상 어렵고 낯선 술이 아니라, 우리 일상 속에서 가볍게 마실 수 있는 술로 거듭나고 있습니다. 마트나 편의점에서도 쉽게 구하고 별일 없이도 그냥 마시는 친숙한 술. 하지만 그럼에도 수많은 종류와 브랜드, 가격대가 있기 때문에 와인을 진정으로 즐기기 위해서는 약간의 수고와 노력이 필요합니다. 이 책에서는 바로 그 한 걸음을 나아갈 수 있는 이야기를 해볼까 합니다. 미세한 맛과 향의 차이를 느낄 수 있는 와인들을 추천하고, 그 와인들의 정보와 이야기를 풀어내 와인 초보자부터 애호가까지 모두 곁에 두고 읽을 수 있는 내용을 담았습니다.

와인 용어 사전

❖ 와인병 사이즈별 명칭

와인병은 다양한 용량만큼 부르는 이름도 각기 다릅니다. 심지어 지역별로 부르는 이름이 달라지기도 합니다. 지금부터 가장 보편적으로 사용되는 보르도 기준으로 와인병의 사이즈별 명칭을 알아보겠습니다.

제로보암
Jeroboam
프랑스 상파뉴 지역에서는 '3ℓ'를 제로보암이라 부릅니다.

살마나자르
Salmanazar

매그넘
Magnum

하프
Half

0.187ℓ 0.375ℓ 0.75ℓ 1.5ℓ 3ℓ 4.5ℓ 6ℓ 9ℓ

스플릿
Split
'피콜로(Piccolo)' 라고도 부릅니다.

스탠다드
Standard
'풀 보틀(Full Bottle)' 이라고도 부릅니다.

더블
Double
Magnum

임페리얼
Iamperiale
프랑스 상파뉴 지역과 부르고뉴 지역에서는 6ℓ를 '므두셀(Methuselah)' 이라고 부릅니다.

멜키세덱 | 마이다스
Melchizedek | Midas

솔로몬
Solomon

네부카드네자르
Nebuchadnezzar

12ℓ 15ℓ 18ℓ 20ℓ 27ℓ 30ℓ

발타자르
Balthazar

멜키오르
Melchior

프리마 | 골리앗
Primat | Goliath

❖ 와인 잔 부위별 명칭

와인 잔은 와인의 스타일(레드 와인, 화이트 와인, 스파클링 와인)별, 혹은 와인을 만든 포도 품종별로 가장 잘 즐길 수 있는 형태가 있습니다. 그저 예쁘게만 보이지만, 와인 잔 각 부위의 디자인에도 올바른 명칭과 기능적인 의미가 있는데요. 이를 미리 알아두면 훨씬 더 맛있게 와인을 즐길 수 있겠죠?

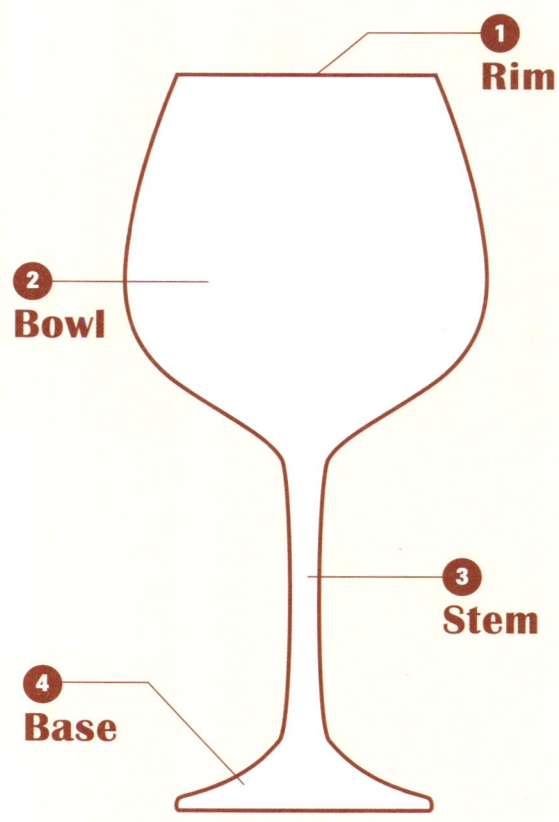

❶ 림 Rim　　**입술이 닿는 부분**

와인 본연의 맛과 향을 풍부하게 느끼기 위해서는 부드러운 느낌을
가진 잔이 좋습니다. 특히 림 부분이 너무 두껍지 않고 얇은 게 좋습
니다.

❷ 보울 Bowl　　**와인을 담는 곳**

'바디(Body)'라고도 부르는데, 보울의 크기와 형태에 따라 보르도 지
역 와인, 부르고뉴 지역 와인, 화이트 와인, 샴페인 전용으로 결정됩니
다. 맑고 투명해야 와인의 컬러를 확인하기 좋으며 특히 보울 부분에
는 기포가 없어야 합니다.

❸ 스템 Stem　　**와인 잔의 다리**

와인을 마실 때 잡는 부분입니다. 보울을 잡으면 체온이 와인의 맛에
영향을 주기 때문에 와인의 온도를 유지시키기 위해 스템을 잡는 것
이 좋습니다. 다만, 온도에 민감하지 않은 와인이나 잠시 잡는 용도라
면 좀 더 편안하게 보울을 잡아도 괜찮습니다.

❹ 베이스 Base　　**와인 잔의 받침**

와인 잔이 넘어지지 않도록 세워주는 역할을 하는 부분입니다. 와인
을 마실 때 베이스 부분을 잡고 마시기도 합니다.

❖ 와인 잔 종류별 명칭

좋은 와인은 좋은 잔에 마셔야 그 맛과 풍미를 더욱 제대로 느낄 수 있습니다. 우리가 흔히 생각하는 얇은 기둥 위 둥근 글라스 모양의 와인 잔 이외에도 다양한 종류의 와인 잔이 있습니다. 와인의 종류에 따라 적절한 와인 잔을 사용하는 것도 와인 애호가의 즐거움 중 하나입니다.

와인 잔의 종류는 품종에 따라 달라집니다. 크게 나누면 레드 와인 전용 잔, 화이트 와인 전용 잔, 스파클링 와인 전용 잔으로 구분할 수 있습니다.

Red

레드 와인
전용 잔

와인을 담을 수 있는 보울 부분이 가장 넓은 스타일의 잔입니다. 넓은 보울은 향을 풍성하게 만들어주는 역할을 합니다.

보르도

대부분의 레드 와인을 마실 수 있는 범용 글라스입니다.

부르고뉴

피노 누아, 네비올로 품종에 적합한 글라스입니다.

시라

프랑스 북부 론 지역의 시라 품종과 호주의 쉬라즈 품종에 적합한 글라스입니다.

White

화이트 와인
전용 잔

화이트 와인은 온도가 쉽게 오르기 때문에 한 번에 적은 양을 따라야 온도 유지가 쉽습니다. 그래서 잔의 모양은 레드 와인 잔과 비슷하지만 크기가 작은 것이 특징입니다.

화이트

대부분의 화이트 와인을 마실 수 있는 범용 글라스입니다.

소비뇽 블랑

소비뇽 블랑 품종에 특화된 글라스입니다.

오크드 샤르도네

오크 숙성을 거친 샤르도네 품종에 특화된 글라스입니다.

Sparkling

스파클링 와인
전용 잔

스파클링 와인을 마실 때는 기포를 감상하고 오래 유지하기 위해서 길쭉하게 생긴 글라스를 사용합니다.

플루트

대부분의 스파클링 와인을 마실 수 있는 범용 글라스입니다.

쿠프

잔 입구가 아주 넓은 형태로, 과거에 사용되던 스파클링 와인 글라스입니다.

부르고뉴

기포를 포기하고 향과 맛을 극대화하기 위해 레드 와인용 글라스를 사용하기도 합니다.

❖ 와인 액세서리

와인을 즐기기 위해서는 다양한 도구가 필요합니다. 와인을 마실 때 반드시 필요한 와인 오프너부터 보관을 위한 와인 세이버와 와인 셀러, 맛을 더 좋게 만드는 디캔터까지. 그 외에도 꼭 필요한 것은 아니지만 알고 나면 구매 욕구가 뿜어져 나오는 와인 아이템들을 자세히 알아봅시다.

와인 오프너
Wine Opener

아주 다양한 스타일이 있지만, 그중에서 가장 보편적으로 사용되는 오프너 몇 가지를 소개하겠습니다.

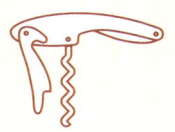

· 코르크스크루(Corkscrew)/소믈리에 나이프(Sommelier Knife)
코르크 마개를 뽑는 도구로, 손쉽게 구할 수 있고 가장 많이 사용되는 스타일의 와인 오프너입니다.

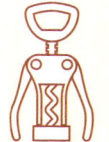

· 윙 스크루(Wing Screw)
양팔을 활짝 벌린 귀여운 스타일의 오프너로, 손쉽게 오픈이 가능하나 종종 오픈하기에 적합하지 않은 와인이 있고 내구성도 떨어집니다.

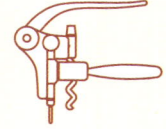

· 래빗 오프너(Rabbit Opener)
초보자도 사용하기 아주 손쉽고 견고하지만, 가격이 비싸고 크기가 커서 휴대하기 불편합니다.

· 아소 나이프(Ah-So Knife)
특이한 구조를 가진 와인 오프너입니다. 오래된 와인은 코르크 마개가 약해서 자칫 부서질 수 있는데, 아소 나이프를 사용하면 아주 쉽게 오픈할 수 있습니다. 하지만 오픈하기 전 사용법을 꼭 숙지해야 합니다.

와인 세이버
Wine Saver

와인 한 병을 다 마시지 못하고 남겼을 때 향과 맛을 유지시키는 액세서리로, 와인병에 남은 산소를 제거하거나 추가 산소 유입을 막는 장치입니다.

· 진공 펌프(Vacuum Saver)
전용 마개를 와인병 입구에 꽂아 펌프를 이용해서 와인병에 남은 산소를 뽑아내고, 추가로 산소 유입을 막아주는 용품입니다. 반영구적 사용이 가능합니다.

· 리푸어(Repour)
와인병 내 산소를 제거해주는 특수 화학 물질이 있는 마개를 이용해 산소를 제거함과 동시에 산소의 유입을 막아주는 용품입니다. 일회용으로 가격의 부담이 있습니다.

· 와인 스토퍼(Wine Stopper)
와인병 내 산소를 제거하지는 못하지만, 추가로 산소가 유입되는 걸 막아주는 용품입니다. 가격이 상대적으로 저렴합니다.

· 코르크 마개(Cork)
가장 소극적인 방법으로는 와인병을 오픈하고 남은 코르크 마개를 재사용하는 방법이 있습니다. 한 번 꺼낸 코르크 마개는 부풀어 올라 다시 잘 들어가지 않는 경우가 있습니다. 이럴 때는 뒤집어서 막아주면 됩니다. 가장 보편적이고 저렴한 방법이지만, 노출돼있던 코르크의 윗부분 때문에 비위생적일 수 있습니다. 간혹 윗부분에 곰팡이가 발생하는 경우가 있으니 주의해야 합니다.

디캔터
Decanter

아주 예전에는 와인을 만들고 거르는 기술이 발달하지 못해 와인에 찌꺼기가 많이 남았습니다. 그래서 깔끔한 시음을 위해서 찌꺼기를 거르는 과정(와인을 옮겨 담는 작업)이 필요했죠. 이것을 프랑스에서 '데캉타쥬(Dacantage)'라 불렀는데, 이것이 디캔팅의 어원이 됐습니다.

요즘에는 기술의 발달로 대부분의 와인에 침전물이 거의 남지 않습니다. 그렇다면 디캔터는 쓸모없어진 걸까요? 그렇지 않습니다. 디캔터에는 또 다른 용도가 있습니다. 바로 '에어링(Airring)'입니다. 와인은 공기와 접촉하는 순간부터 산화가 시작되고 와인의 맛과 향이 피어나기 시작합니다. 그래서 숙성이 거의 안 된 영 빈티지의 와인을 마실 때 에어링을 해주는 도구로 디캔터를 사용합니다.

또한 양조자의 신념에 따라 의도적으로 필터링을 안 했거나 오랜 시간 숙성이 진행된 와인을 마실 때, 혹시 모를 와인의 침전물을 거르기 위해 디캔터를 사용하기도 합니다.

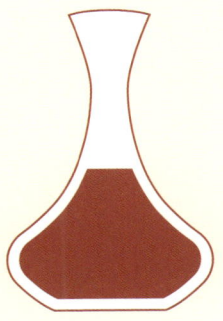

· **목이 긴 호리병 스타일의 작은 디켄터**
메를로, 그르나슈, 산지오베제, 바르베라 등 미디
엄 바디 품종의 와인을 디캔팅할 때 사용합니다.

· **바닥 면적이 약간 넓은 중간 정도의 디캔터**
피노 누아 와인, 가메 와인, 로제 와인, 화이트 와인
을 디캔팅할 때 사용합니다.

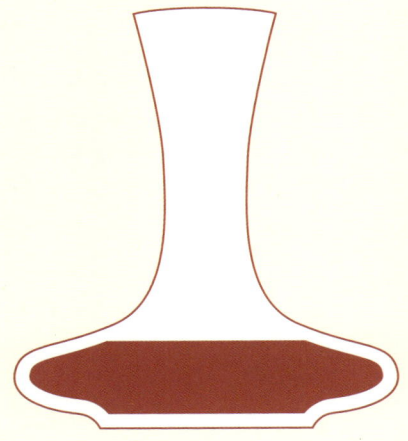

· **바닥 면적이 아주 넓은 커다란 디캔터**
카베르네 소비뇽, 모나스트렐, 템프라뇨, 타나 등
풀 바디 품종의 와인을 디캔팅할 때 사용합니다. 또
한 올드 빈티지 와인이나 침전물이 있는 와인을 디
캔팅할 때도 이처럼 바닥 면적이 아주 넓은 디캔터
를 사용합니다. 디캔터를 90°로 기울였을 때 침전
물을 걸러주는 가장 적합한 모양을 지녔기 때문이
죠. 다만, 바닥 면적이 넓기 때문에 와인병에서 디
캔터로 옮길 때는 최대한 조금씩 천천히 옮겨 담아
야 디캔터로 침전물이 흘러 들어가지 않으니 주의
해야 합니다.

와인 셀러
Wine Cellar

와인을 장기간 일정 온도로 보관할 수 있는 냉장고를 말합니다. 냉장 방식에 따라 반도체 방식과 컴프레서 방식으로 나눌 수 있습니다. 보통 반도체 방식은 크기가 작고 가격이 저렴하며, 컴프레서 방식은 성능이 뛰어납니다.

· 반도체 방식 와인 셀러

크기가 작고 저렴해서 입문자에게 적합한 와인 셀러입니다. 보통 6~12병 사이즈가 보편적입니다. 하지만 설정 온도에 도달하는 시간이 길고 외부 온도의 영향을 받아서 설정 온도를 유지하는 데 어려움이 있습니다. 와인 셀러가 위치하는 공간도 어느 정도 온도 유지가 돼야 하는 단점이 있습니다. 예를 들어, 직사광선이 들어오는 베란다에 와인 셀러를 둔다면 내부 온도에 변화가 생길 확률이 높습니다.

· 컴프레서 방식 와인 셀러

와인 셀러 중 가장 많이 사용되는 방식으로, 사이즈가 다양하게 있습니다. 적게는 36병, 많게는 200병까지 들어갈 정도로 크기가 큽니다. 'LG'와 '캐리어'를 가장 많이 사용하며 가성비 좋은 제품으로는 '빈디스'가 있습니다. 명품으로 불리는 브랜드도 있는데 바로 '유로까브'입니다. 고가의 와인 셀러지만 습도와 온도, 진동까지 완벽히 제어되기 때문에 고가의 와인을 보관하기 좋습니다.

기타
Etc.

앞서 나온 와인 오프너와 와인 잔 그리고 디캔터만 있다면 대부분의 와인을 즐길 수 있습니다. 하지만 이외에도 가볍게 사용할 수 있으면서도 편한 액세서리 몇 가지를 더 소개하겠습니다. 없어도 되지만, 있으면 와인 생활을 더욱 즐겁게 만들어주는 액세서리입니다.

· 와인 온도계
와인의 음용 온도를 확인할 수 있는 온도계입니다.

· 아이스 버킷
와인의 온도를 낮출 때 얼음을 넣어서 사용할 수 있는 버킷입니다.

· 디캔터 클리너
디캔터는 다양한 구조를 가진 유리 제품이어서 전용 클리너가 있어야 깨끗이 세척할 수 있습니다.

· 와인 리넨
대부분 마이크로 화이버로 만들어진 사각형의 천으로, 와인 잔의 물기를 제거하거나 흘러내린 와인을 닦는 등 와인 마실 때 두루두루 사용합니다.

· 와인 잔 캐리어
외부에서 와인을 마실 때 와인 잔을 넣어 다닐 수 있는 가방입니다. 내부에 깨지기 쉬운 와인 잔을 보호하기 위한 장치가 있습니다.

와인의 역사와 트렌드

❖ 이야기 속 와인의 기원

와인의 기원에는 여러 가지 설이 있습니다. 그중 제가 알고 있는 세 가지 이야기를 들려주고자 합니다.

❶ 성경 속 와인의 기원

첫 번째 이야기는 조지아가 와인의 기원이라는 설입니다. 성경 속 창세기 부분에 대홍수 후 노아가 포도나무를 심고 와인을 만들었다는 기록이 있는데, 이때 포도나무를 심은 아라라트산 근처가 바로 오늘날의 조지아입니다. 그래서 조지아는 자신들이 오늘날 와인의 원조라고 주장하고 있습니다.

❷ 그리스 신화 속 와인의 기원

두 번째 이야기는 그리스 신화 속에 나오는 신 디오니소스로부터 전해졌다는 설입니다. 디오니소스가 요정들에게 배운 포도 재배와 양조 기술을 인간에게 널리 전파했고, 그렇게 인간이 만들어낸 와인을 신들에게 전파하면서 포도나무와 포도주의 신이 됐다고 합니다.

❸ 페르시아 전설 속 와인의 기원

페르시아(오늘날 이란) 전설 속 이야기도 있습니다. 잠쉬드 대왕 시절에 그의 여러 부인 중 한 명이 궁전에서 내쫓겨 낙담해 자살하려고 왕의 창고에 들어가서 독 음료를 마셨는데, 죽지는 않고 오히려 기분이 좋아졌다고 합니다. 알고 보니 독인 줄 알고 마신 음료가 바로, 상해서 먹지 못하는 포도들을 모아 놓은 용기의 용액이었다고 합니다.

❹ 인류 역사 속 와인의 기원

위의 세 가지 이야기가 설화나 신화에서 유래됐다면, 인류 역사와 관련된 추론도 있습니다. 인간이 정착 생활을 시작하면서 과일을 저장하는 과정에서 의도치 않게 포도의 발효가 일어나 우연히 알게 됐다는 설과, 포도나무에 달린 푹 익은 포도에서 바위 위로 떨어진 포도즙을 원숭이가 먹고 흥겨워하는 모습을 보고 발견했다는 설이 있습니다.

❖ 귀족의 사치품에서 모두의 기호 식품으로

처음 와인을 발견했을 때는 물을 대신한 생명수, 중세에는 귀족들의 사치품이었지만 현재
는 누구나 즐길 수 있는 기호 식품으로 변모하고 있습니다. 와인의 과거와 오늘에 대해 잠
시 살펴볼까요?

와인의 흔적이 처음 발견된 곳

와인 양조의 증거는 기원전 7000년경으로 중국이 가장 앞서지만 포도와 다른 과일을 같이
양조한 것으로 판명되면서, 가장 먼저 '와인'을 양조한 곳은 조지아로 알려져 있습니다. 당
시 와인 양조에 사용했던 고대 항아리 암포라(Amphora)에서 발견된 포도 잔류물로 미뤄 짐
작할 때, 현재까지는 기원전 6000~5800년경에 만들어진 걸 가장 오래된 것으로 봅니다.

세계로 뻗어나간 와인

초기의 와인은 캅카스 3국(조지아, 아르메니아, 아제르바이잔)을 시작으로 페르시아를 거쳐 전
세계로 퍼져 나갔지만, 오늘날에는 유럽이 와인의 대명사로 알려져 있죠. 하지만 최고의 와
인 산지로 꼽히는 프랑스와 이탈리아의 뒤를 최근, 와인의 인지도나 질적인 면에서 미국이
바짝 쫓고 있습니다. 칠레와 스페인은 중저가 와인으로 무장한 채 전 세계로 뻗어나가고 있
습니다. 또 국가를 대표하는 품종도 있습니다. 아르헨티나는 레드 품종인 말벡을, 뉴질랜드
는 화이트 품종인 소비뇽 블랑을 국가 차원에서 전폭적으로 지지하고 있습니다. 또 호주는
프랑스를 벤치마킹한 쉬라즈 품종을 앞세워 많은 이들에게 인기를 얻고 있습니다.

How to

와인을 100%
즐기는 방법

Part 1

아는 만큼
맛있다

와인 기초 상식

많은 와인 초보자에게 와인은 어렵게 느껴집니다. 와인병만 봐도 알 수 없는 영어와 프랑스어, 심지어는 독일어까지 마주하게 되고 와인을 마시기 위해 필요한 준비물도 많기 때문이죠. 어차피 똑같은 술이니 마시고 즐기고 취하면 되지만, 그 의미를 알고 마시면 더 맛있게 즐길 수 있답니다. 지금부터 와인을 더 향기롭게 하는 기초 상식을 알아보겠습니다.

맛과 향을 결정한다
품종의 특성

와인 레이블에는 대부분 카베르네 소비뇽, 메를로, 샤르도네 같은 이름이 들어갑니다. 이는 와인을 만드는 데 들어간 포도 품종의 이름이죠. 그냥 포도를 먹을 때도 캠벨 포도와 거봉, 샤인머스캣의 맛이 모두 다르죠? 와인도 그렇습니다. 사용된 포도 품종에 따라서 맛과 향이 달라지는데, 각 포도 품종의 특성을 알아두면 와인을 고를 때 큰 도움이 됩니다. 무척 다양한 종류의 포도 품종이 있지만, 대표적인 몇 가지만 알아둬도 유용할 거예요.

레드 품종
Red

카베르네 소비뇽
Cabernet Sauvignon

프랑스 보르도 지역의 메독이 원산지인 포도 품종입니다. 포도 품종의 왕이라 불릴 정도로 세계에서 가장 명성 있고 널리 재배되는 품종이랍니다. 메독에서는 블렌딩할 때 주로 사용하지만 미국, 칠레, 호주에서는 카베르네 소비뇽 단독으로 뛰어난 품질의 와인을 만들고 있습니다. 싹이 늦게 나고 늦게 익는 중만생종이며, 껍질이 두꺼워서 해충에 강한 편입니다.

기본적으로 블랙커런트, 블랙체리 향을 지니고 있습니다. 산지에 따라 서늘한 지역에서는 피망 또는 식물성 향이 느껴지고, 더운 지역에서는 잼과 같은 향이 느껴지기도 합니다. 카베르네 소비뇽은 배수가 잘되고 자갈이 많은 지역에서 잘 자랍니다.

메를로
Merlot

카베르네 소비뇽과 같이 보르도 지역에서 나는 품종인 메를로는 미국식 발음으로 '멜롯'이라 불리기도 합니다. 카베르네 소비뇽과 블렌딩해 사용하기도 하지만, 최근에는 단일 품종으로도 많이 사용하는 추세입니다. 카베르네 소비뇽보다 타닌이 적어 부드럽고, 완숙미가 느껴지는 과실 향을 지니고 있으며 비교적 숙성이 빠르게 이뤄집니다. 하지만 질병에 약하고 특별한 기후와 토양에서 재배되기 때문에 카베르네 소비뇽보다 까다로운 품종입니다.

서양 자두와 체리, 블랙커런트 향이 주된 향입니다. 더운 지역에서는 종종 스파이시(매운 느낌) 캐릭터가 돋보이며 붉은 꽃 향이 느껴집니다. 또 서늘한 지역에서는 바디감이 가볍고 허브 뉘앙스가 강한 스타일로 만들어집니다.

피노 누아
Pinot Noir

프랑스 부르고뉴 지역에서 나는 품종인 피노 누아는 가장 섬세한 레드 품종입니다. 비교적 일찍 수확하는 조생종으로, 포도 품종의 왕이라는 카베르네 소비뇽과 쌍벽을 이루는 최고의 레드 품종이죠. 잘 익은 피노 누아로 만든 와인은 타닌이 적고 신맛이 강하며 색은 맑고 옅은 루비빛을 띠고 있습니다. 기온이 낮은 지역에서 재배된 피노 누아는 색이 연하고 묽으며, 기온이 높은 지역에서 재배된 피노 누아는 과일잼 맛이 나는 진한 스타일로 만들어집니다. 병충해에 약하고 산출량도 적으며 특유의 기후와 토양이 아니면 재배가 어려운 품종이라, 부르고뉴산 피노 누아를 최고로 인정하고 있습니다. 하지만 과학의 발전으로 부르고뉴가 아닌 다른 지역에서도 활발하게 재배되면서 점차 와인의 질이 높아지고 있는 추세입니다.

네비올로
Nebbiolo

이탈리아 피에몬테 언덕에는 유독 안개가 많이 끼는데 '자욱한 안개(Nebbia)'와 함께 포도를 수확했다 해서 네비올로라는 이름이 붙여졌다고 합니다. 피에몬테 지역에서 재배되는 토착 품종으로, 타닌과 산도가 매우 강해서 장기 숙성에 적합합니다.

네비올로는 타르와 가죽 향 그리고 진한 말린 장미 향이 나며 숙성이 진행되면 정향, 시나몬, 감초, 송로버섯, 담배 향 등이 느껴집니다. 대부분 이탈리아의 바롤로와 바르바레스코 지역에서 재배되지만, 호주나 미국에서도 종종 재배되곤 합니다. 지역에 따라 '스파나(Spanna)'라고 부르기도 합니다.

산지오베제
Sangiovese

산지오베제는 '주피터의 피(The Blood of Jupiter)'라는 의미를 지니고 있는데, 라틴어로 '주피터(Jove)'와 '피(Sanguis)'를 합성한 말이라고 합니다. 이탈리아 토스카나와 피에몬테 지역에서 주로 재배되며 높은 생산량으로 저가 와인으로 많이 생산되지만, 품종 개량을 통해서 '브루넬로 디 몬탈치노(Brunello di Montalcino)'나 '슈퍼 투스칸(Super Tuscan)' 같은 고급 와인을 만들기도 합니다.

사워 체리, 라즈베리, 크랜베리와 같은 붉은 과실 향과 파워풀한 자두 향이 인상적입니다. 타임, 로즈메리 등의 허브 향도 지니고 있으며 숙성 후에는 가죽, 발사믹, 시가 같은 향이 생기는 게 특징입니다.

템프라니요
Tempranillo

스페인 리오하 지역에서 주로 재배되는 토착 품종으로, 비교적 수확이 빠르고 척박한 지역에서도 아주 잘 자라는 품종입니다. 딸기와 레드 커런트류의 붉은 과실 향을 지니고 있으며, 고급 가죽과 흙 향도 지니고 있습니다. 다른 품종에 비해 부족한 아로마는 그르나슈 품종을 블렌딩해 완성합니다. 템프라니요는 산화에 강한 저항력이 있기 때문에 숙성 기간에 따른 등급으로 와인이 분류됩니다. 짧게는 6개월, 길게는 48개월까지 오크 숙성 후 추가 병입 숙성까지 마치고 출시하게 됩니다.

템프라니요는 지역마다 부르는 이름이 다릅니다. 페네데스 지역에서는 '울 데 예브레(Ull de Liebre)', 발데페냐스 지역에서는 '센시벨(Cencibel)', 리베라 델 두에로와 토로 지역에서는 '틴토 피노(Tinto Fino)' '틴타 델 파이스(Tinta del Pais)' '틴타 호리즈(Tinta Roriz)' 등으로 부르기도 합니다.

시라
Syrah

레드 품종 중 TOP 3에 들어가는 시라 품종은 프랑스 론 지역이 고향입니다. 론 지역에서는 타닌 성분이 강하고 장기간 숙성을 요하는 아주 고품질의 와인이 재배되고 있습니다.

시라는 두꺼운 껍질에 매우 진한 검은색 색상을 띠고 있어 높은 타닌과 진한 색상, 블랙베리, 검은 자두와 같은 검은 과실과 흑후추 같은 향신료 향을 가지고 있습니다.

시라가 약간 터프한 남성미를 지녔다면 호주로 넘어간 쉬라즈는 조금 다릅니다. 쉬라즈는 론 지역의 시라보다 더 진한 색상에 높은 알콜을 가진 풀 바디 레드 와인이 만들어집니다. 파워풀한 검은 과실 향과 높은 산미, 무거운 바디감을 무기로 전 세계인의 입맛을 사로잡고 있습니다.

칠레와 미국, 남아프리카 공화국에서도 고품질의 시라가 재배되고 있습니다.

카베르네 프랑
Cabernet Franc

프랑스 보르도 지역이 원산지로, 주로 블렌딩용으로 사용되지만 루아르 지역에서는 카베르네 프랑 100%로 만드는 와인들이 생산되고 있습니다. 카베르네 프랑은 유전학적으로 카베르네 소비뇽의 부모라고 할 수 있습니다. 카베르네 소비뇽의 피망 향은 바로 이 카베르네 프랑으로부터 온 것이죠. 기본적으로 붉은 과실 향을 가지고 있지만 서늘한 기후에서 자랄 경우, 채소와 피망 향이 도드라지는 스타일로 만들어집니다.

화이트 품종
White

샤르도네
Chardonnay

프랑스 부르고뉴 지역이 원산지인 품종으로, 의심의 여지가 없는 최고의 화이트 품종입니다. 봄 서리에 취약하지만, 열매가 일찍 익어서 이른 겨울이 찾아와도 안정적인 수확이 가능합니다. 또한, 나무의 활력이 왕성하고 서늘한 기후부터 더운 기후대까지 모두 잘 적응합니다. 백악질 토양에 가장 적합하지만 워낙에 잘 자라는 탓에 전 세계 곳곳에서 재배되고 있습니다.

샤르도네의 특징은 중성적인 것입니다. 그저 그런 와인이 되기 쉬운 품종이지만, '테루아(Terroir)'와 '양조자' 그리고 '오크 숙성'이 만나면 최고의 화이트 와인이 됩니다. 위대한 와인인 '몽라쉐(Montrachet)'와 '샤블리(Chablis)' '블랑 드 블랑(Blanc de Blancs)' 샴페인이 모두 샤르도네로 만든 것이죠. 샤르도네는 원산지에 따라 다른 아로마가 있지만 보편적으로 사과, 파인애플, 망고 등 열대 과실 향과 갓 구운 빵, 꿀 향 등 복잡하고 다양한 향을 지니고 있습니다.

소비뇽 블랑
Sauvignon Blanc

프랑스 루아르 밸리 지역이 원산지인 화이트 품종입니다. 소비뇽 블랑은 활력이 좋아서 척박한 토양에 활력이 낮은 뿌리와 접목해야 좋은 품질의 포도를 얻을 수 있습니다. 보편적으로 아주 가벼운 바디감과 높은 산미를 지니고 있고 허브와 올리브, 풀, 망고, 패션 프루트 향이 주를 이룹니다. 오크 숙성을 해서 보다 풍성한 스타일로 만드는 경우도 있습니다. 루아르 밸리 지역이 원산지이지만 전 세계적으로 인기가 높은 곳은 뉴질랜드 말보로 지역으로, 저렴한 가격과 대량 생산을 앞세워 시장을 공략하고 있습니다. 미국 캘리포니아에서는 '퓌메 블랑(Fumé Blanc)', 루아르 밸리에서는 '블랑 퓌메(Blanc Fumé)'라고도 부릅니다.

리슬링
Riesling

독일에서 가장 오래된 포도 품종으로, 최상급 화이트 와인을 만드는 주요 품종입니다. 미네랄이 아주 풍부하고 서양배와 가솔린 향이 특징입니다. 독일에서는 달콤한 리슬링이 생산되지만, 호주나 미국에서는 드라이한 스타일의 리슬링이 만들어지고 있습니다. 리슬링은 산도와 당도가 균형을 이루고 있기 때문에 바로 마시기 좋지만, 장기 숙성이 가능한 몇 안 되는 화이트 품종이기도 합니다.

호주에서는 '라인 리슬링(Rhein Riesling)', 미국에서는 '요하네스버그 리슬링(Johannisberg Riesling)', 남아프리카에서는 '바이세르 리슬링(Weisser Riesling)'이라고 부릅니다. 라인과 요하네스버그, 바이세르 모두 독일에 있는 리슬링의 주요 산지인데 자신들의 리슬링이 최고임을 나타내기 위한 방법인 것 같습니다.

슈냉 블랑
Chenin Blanc

프랑스 루아르 밸리 지역에서 재배되는 화이트 품종입니다. 주로 드라이한 스타일로 만들어지지만 스위트 와인부터 스파클링 와인까지, 다양한 방법으로 만들어지는 매력 만점의 품종입니다. 부드러움이 특징이죠. 껍질이 얇고 산도가 좋으며 당도가 높은 편입니다. 벌꿀, 꽃, 젖은 지푸라기, 스모크 향이 주로 느껴지고 사과, 복숭아 향도 동반합니다.

프랑스에서는 '피노 드 라 루아르(Pin'Eau de la Loire)', 남아프리카에서는 '스틴(Steen)'이라고도 부릅니다.

어떤 와인을 골라야 할까
와인의 유형

와인의 유형을 구분 짓는 기준에는 여러 가지가 있습니다. 와인의 색깔이 어떤지, 탄산은 있는지 없는지, 달콤한 와인인지 달지 않은 와인인지, 주정이 첨가돼있는지 등 각 분류 기준과 그에 따른 유형을 알아두면 와인을 선택할 때 도움이 됩니다.

컬러에 의한 분류

1. 레드 와인 Red Wine
적포도 품종으로 만든 와인입니다. 루비색부터 짙은 보라색까지 다양한 색을 띠고 있으며, 타닌이 있고 다양한 과실 향을 지니고 있습니다.

2. 화이트 와인 White Wine
백포도 품종으로 만든 와인입니다. 옅은 녹색부터 골드 컬러까지 다양한 색을 띠고 있으며, 타닌은 아주 적거나 없습니다. 산미가 높고 채소, 허브, 열대 과실 향을 지니고 있습니다.

3. 로제 와인 Rose Wine
적포도 품종을 양조할 때 껍질과의 접촉 시간을 짧게 해서 옅은 분홍빛을 띠는 아름다운 와인을 로제 와인이라 부릅니다. 약간의 타닌과 산미가 있고, 화이트 와인보다 묵직한 스타일로 만들어집니다.

4. 오렌지 와인 Orange Wine
백포도 품종을 양조할 때 껍질과의 접촉 시간을 오랫동안 가져서 만듭니다. 색이 오렌지빛을 띠어 오렌지 와인 또는 '앰버 와인(Amber Wine)'이라 부릅니다. 다른 화이트 와인과는 다르게 부드러운 타닌과 산미가 매력적인 와인입니다.

스파클링 유무에 따른 분류

1. 스틸 와인 Still Wine
탄산이 없으며, 알코올을 추가로 첨가하지 않고 순수하게 포도만을 발효해 만든 모든 레드 와인과 화이트 와인을 스틸 와인이라 부릅니다.

2. 스파클링 와인 Sparkling Wine
탄산이 함유된 모든 와인을 스파클링 와인이라 부릅니다. 대표적으로 프랑스의 '샴페인(Champagne)'과 스페인의 '까바(Cava)'가 있습니다.

당도에 의한 분류

1. 드라이 와인 Dry Wine

와인의 양조 과정은 포도의 당분이 알코올로 변환하는 과정이 포함되는데, 이때 효모가 모든 당분을 알코올로 변환시켜서 당분이 마른 와인을 드라이 와인이라고 부릅니다. 드라이 즉, '당분이 말랐으므로 달지 않다'고 생각하면 됩니다.

2. 스위트 와인 Sweet Wine

스위트 와인은 말 그대로 달콤한 와인을 총칭합니다. 포도의 당분이 남아 있는 상태에서 강제적으로 발효를 멈춰서 당분을 남기는 방법이 있는데, 이는 주로 '모스카토 다스티(Moscato d'Asti)'를 만들 때 사용합니다. 또 다른 방법으로는 건포도가 되기 직전까지 수확을 기다렸다가 당도가 최고조에 이를 때 수확해서 양조하는 방법입니다. 당분이 다른 포도와 다르게 아주 높기 때문에 알코올 도수가 14%에 다다를 때까지 발효를 해도 당분이 많이 남아있게 됩니다. 프랑스 소테른 지역의 와인이나 독일의 '트로켄베렌아우스레제(Trockenbeerenauslese)'가 대표적입니다.

주정 첨가에 의한 분류

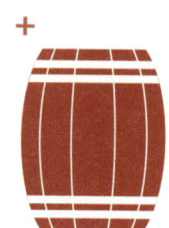

1. 테이블 와인 Table Wine

평소에 마시는 대부분의 와인이 테이블 와인입니다.

2. 포티파이드 와인 Fortified Wine

포티파이드 와인은 '주정 강화 와인'으로 불립니다. 발효 중인 와인에 브랜디를 첨가한 포르투갈의 스위트한 '포트 와인(Port Wine)'과 발효가 끝난 후 브랜디를 첨가한 '셰리 와인(Sherry Wine)'이 대표적입니다.

구대륙과 신대륙
지역별 특성

와인은 포도 품종분 아니라 지역에 따라 구대륙과 신대륙으로도 나눌 수 있습니다. 전통적 강자인 구대륙의 '가심비'와 떠오르는 신흥 강자인 신대륙의 '가성비'의 대결이기도 하죠. 각 대륙 와인의 특징을 알아두면 와인을 고르는 데 도움이 될 거예요.

구대륙(Old World)

* 주요 와인 생산량 1, 2위를 다투는 프랑스와 이탈리아, 가성비 뛰어난 와인을 생산하는 스페인 등 유럽 국가

와인에서 말하는 구대륙은 오랜 시간 와인을 만들어온 유럽을 지칭합니다. 포도 품종의 원산지가 많은 만큼 기후와 품종의 특성이 잘 맞아서 과하지 않은 절제된 스타일의 와인이 생산되죠. 복잡하고 다양한 향과 포도 품종 본연의 향이 어우러져 맛이 살아있는 클래식한 스타일의 와인이 만들어지는 곳입니다.

모든 와인은 빈티지(포도를 수확한 해)가 중요하지만, 특히나 구대륙 와인은 신대륙 와인에 비해서 빈티지가 더욱 중요하게 여겨지고 있습니다. 신대륙과 비교했을 때 구대륙에서 생산된 와인은 관련법이 엄격하게 적용되고 있습니다.

신대륙(New World)

* 비교적 와인 생산 역사가 짧은 칠레, 아르헨티나 등 남미와 미국, 호주, 뉴질랜드 등의 국가

역사는 짧지만 신대륙의 뛰어난 기후와 적극적인 신기술을 접목해서 구대륙 와인을 넘보고 있습니다. 특히 중저가 와인을 생산해서 와인의 저변을 넓히는 데 기여했습니다.

지역에 따른 편차가 있지만 평균적으로 일조량이 높아서 높은 알코올과 바디감을 가진 와인들이 생산되는 곳이 신대륙입니다. 포도 재배 면적이 넓어 값이 저렴한 벌크 와인도 많이 생산되지만 미국은 프랑스의 카베르네 소비뇽을, 아르헨티나는 프랑스의 말벡을, 호주는 프랑스의 시라 품종을 벤치마킹하고 거기에 신기술까지 더해져 가격 대비 맛과 품질이 뛰어난 와인들을 생산하고 있습니다.

정보를 한눈에
레이블 들여다보기

마트나 백화점의 와인 코너, 와인 숍 등에 줄지어 있는 와인병들을 보면 각기 다른 레이블이 붙어있는 걸 알 수 있습니다. 이 와인 레이블에는 와인이 가진 수많은 정보가 담겨 있답니다. 와인 레이블 속 내용만 잘 이해해도 와인 고르기가 한결 수월해집니다.

와인병에는 상표가 붙어있는데 이것을 '레이블' 또는 '라벨'이라 합니다. 프랑스어 '에티켓(Etiquette)', 이탈리아어 '에티케타(Etichetta)', 독일어 '에티케트(Etikett)' 등도 모두 영어의 '라벨(Label)'과 동일한 의미로 쓰입니다.

와인 레이블에 표시되는 내용
WINE LABEL

1. 생산자

2. 생산지

3. 포도를 수확한 해

4. 알코올 도수

5. 용량

6. 포도밭 이름(국가/지역별로 표시 유무가 다름)

7. 포도 품종(국가/지역별로 표시 유무가 다름)

8. 와인의 품질 등급

9. 당도의 수준

프랑스 France

프랑스 와인의 경우 'AOC(Appellation d'Origine Contrôlée)' 제도로 '원산지 명칭의 통제'라는 게 있는데, 대부분 포도 품종 대신 지역명이 적혀있습니다. 그 이유는 특정 지역에서는 특정 포도 품종만을 사용해야 하기 때문에 굳이 품종을 표시하지 않는 것이죠. 예를 들어, 와인 레이블에 부르고뉴라고 적혀있으면 그 와인은 피노 누아 100%로 만들어진 와인일 겁니다. 이런 부분이 프랑스 와인을 어렵게 느껴지게 합니다.

프랑스 와인을 즐길 때 포도 품종이 궁금하다면 각 지역별로 허용된 품종을 알고 있어야겠죠?

지역	허용 품종
보르도	카베르네 소비뇽, 메를로, 카베르네 프랑 블렌딩
부르고뉴	피노 누아
북부 론	시라
남부 론	그르나슈, 시라, 생쏘, 무베드르 블렌딩
상세르	소비뇽 블랑

이탈리아 Italy

이탈리아 와인의 가장 큰 특징은 최상위 등급인 'DOCG(Denomi-nazione di Origine Controllata e Garantita)'를 받은 와인은 병목에 띠를 두르고 있다는 것입니다. 레드 와인은 분홍색 띠가, 화이트 와인에는 연두색 띠가 둘러 있습니다. 프랑스보다는 친절하게 와인에 포도 품종과 생산지를 표기하기도 합니다.

이탈리아에는 레드 품종만도 300종 이상이 있으며, 피에몬테와 토스카나 지역이 DOCG 와인을 많이 생산하는 곳으로 유명합니다.

지역	포도 품종
몬탈치노	브루넬로
아스티	모스카토
아스티	바르베라
아부르쪼	몬테풀치아노
랑게	네비올로

독일 Germany

독일은 포도가 완숙되기 어려운 조건이기 때문에 포도 수확 당시 포도 알갱이의 당도에 따라 여섯 가지로 분류합니다.

카비네트 Kabinett	가볍고 약간 스위트한 와인입니다.
슈페트레제 Spätlese	정상적인 수확기를 지나 당도가 높아진 다음 수확한 포도로 만든 와인입니다.
아우스레제 Auslese	선택적으로 과숙한 포도만을 수확해 만든 와인으로, 완전히 익어야 하고 썩거나 상한 것이 없어야 합니다.
베렌아우스레제 Beerenauslese	잘 익은 포도 알맹이만을 선택적으로 수확해 만든 와인으로, 보통 스위트 와인이 됩니다.
아이스바인 Eiswein	포도나무에 매달아 놓은 채 겨울까지 기다린 다음, 포도를 얼려서 해동시키지 않고 즙을 짜서 만든 와인입니다.
트로켄베렌아우스레제 Trockenbeerenau- slese: TBA	보트리티스 곰팡이가 낀 포도를 건포도와 같이 건조시킨 후, 하나씩 수확해 만든 스위트 와인입니다.

스페인 Spain

스페인 와인의 큰 특징이라면 바로 숙성 기간입니다. 최대 와인 산지인 리오하 지역의 경우 크리안자 등급 24개월 숙성(오크 숙성 최소 12개월, 병입 숙성 12개월), 리제르바 등급 36개월 숙성(오크 숙성 12개월, 병입 숙성 24개월), 그랑 리제르바 등급 60개월 숙성(오크 숙성 18개월, 병입 숙성 42개월)을 거쳐야만 해당 등급을 레이블에 표시할 수 있습니다(관련 법령은 주기적으로 업데이트되기 때문에 지역별로 규정이 다를 수 있습니다). 여기서 중요한 점은 스페인 리오하 지역 와인은 숙성 기간을 아주 중요시 여긴다는 것입니다.

신대륙은 후발 주자인 만큼 와인 판매에 도움이 되도록 레이블을 알아보기 쉽게 제작하고 있습니다. 양조장의 이름, 생산 지역, 빈티지, 포도 품종까지 아주 자세하게 표시하고 있고 알코올과 용량도 표시하고 있습니다. 백 레이블(뒷면 레이블)에도 음용 방법과 숙성 기간 또는 같이 먹으면 좋은 음식까지 자세하게 적힌 것이 특징입니다.

여기서 팁을 하나 드릴게요. 와인 레이블에 가장 큰 글씨가 그들이 가장 강조하고 싶어 하는 정보입니다. 구대륙의 경우는 생산 지역(테루아)을 강조하고, 역사가 깊은 생산자는 생산자명(회사 이름)을 가장 크게 표시하기도 합니다. 신대륙의 경우에는 생산자명을 크게 표시하는 경우가 일반적입니다.

실패 없이
코르크 따는 법

와인 초보자들에게 코르크 마개를 오픈하는 행위는 두렵게 느껴지기도 합니다. '코르크 마개를 어떻게 오픈하는 거지?' '오픈하다가 부서지면 어떡하지?' 하는 걱정이 되죠. 평소 마시기 어려운 고급 와인을 오픈할 때는 경건한 의식처럼 행하기도 합니다. 하지만 지금부터는 두려워할 필요가 없습니다. 여러분들이 어려워하는 부분을 자세하게 알려줄 테니까요. 코르크 마개를 오픈할 수 있는 다양한 도구가 있지만, 가장 많이 쓰이는 코르크스크루 사용법을 알려드리겠습니다. 가장 구하기 쉽고 보편적으로 사용하기 때문입니다.

① 코르크스크루(혹은 소믈리에 나이프)의 칼날 부분을 꺼내세요.

② 검지 손가락으로 칼날의 등 부분을 파지합니다.(이때 다치지 않도록 조심하세요.)

③ 캡 실의 각 면을 칼날로 자릅니다.

④ 모든 면을 자르고 캡 실을 벗겨냅니다.

⑤ 코르크스크루의 칼날 부분을 넣고 나사선을 세워 T 자형으로 만듭니다.

⑥ 검지 손가락으로 나사선을 지지하고 나사선의 끝부분은 손가락 반대 방향을 향합니다.

⑦ 나사선의 끝부분을 코르크 정중앙에 기울여 꽂습니다.

⑧ 나사선이 들어가도록 돌리면서 수직이 되도록 한 바퀴 정도 돌립니다.

⑨ 수직이 된 나사선을 확인하고 나사선이 들어갈 수 있도록 돌립니다.

⑩ 코르크스크루의 첫 번째 탭에 병 입구 부분이 걸칠 수 있도록 ㄱ 자 형태로 만들어 줍니다.

⑪ 왼손으로 탭 부분을 지지하고 손잡이를 올려 코르크가 반쯤 올라오게 합니다.

⑫ 코르크스크루의 두 번째 탭에 병 입구 부분이 걸칠 수 있도록 ㄱ 자 형태로 만들어 줍니다.

⑬ 왼손으로 탭 부분을 지지하고 손잡이를 돌려 코르크의 대부분이 올라오게 합니다.

⑭ 손으로 탭 부분과 코르크를 한 번에 잡고 살짝 비틀어 코르크를 뽑아냅니다.

⑮ 코르크스크루에 박힌 코르크를 돌려서 제거하면 코르크 오픈이 끝납니다.

와인의 재미
향 느끼기 & 맛보기

와인은 다양하게 음미하며 느끼는 술입니다. 손으로 와인병의 온도를 느끼고 잔에 따라지는 경쾌한 소리를 들으며 군침을 삼키고 향을 맡고 맛을 보는 거죠. 그렇기 때문에 와인을 처음 접했을 때 바로 향과 맛을 느끼는 건 쉬운 일이 아닙니다.

❖ 와인의 향

와인을 처음 마실 때 누군가 향을 물어보면 당황스러울 거예요. 분명 어디선가 맡아본 향이지만 선뜻 입 밖으로 나오지 않죠. 당연한 거예요. 와인은 낯선 것이거든요. 와인 테이스팅 노트에는 블랙커런트, 서양배, 라즈베리 콩포트, 바이올렛, 타르, 미네랄 등 알 수 없는 단어들이 나열돼있죠. 대부분 한국에 없거나 굉장히 낯선 과일들입니다.

아로마 키트(와인에 나타나는 향을 에센셜 오일로 모아놓은 것)를 이용해서 훈련해도 좋지만, 보다 손쉬운 방법이 있습니다. 우리는 좋은 향이 나면 '향 좋다' '과일 향 같은데?' 그러고는 잊어버립니다. 와인을 마시며 향을 구분하고 느끼고 싶다면 훈련이 필요합니다.

와인의 향을 느끼고 구분하는 훈련

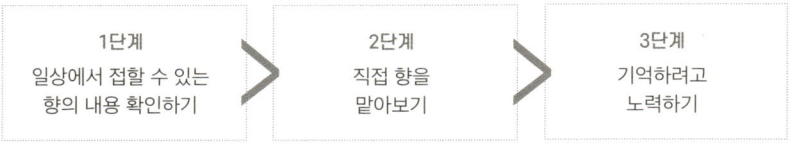

1단계	2단계	3단계
일상에서 접할 수 있는 향의 내용 확인하기	직접 향을 맡아보기	기억하려고 노력하기

만약 샴푸 냄새가 좋다고 느꼈다면 샴푸 포장을 보세요. 어떤 향인지 적혀있을 거예요. 비누도 향수도 마찬가지입니다. 대부분 꽃 향이거나 과일 향, 허브 향일 거예요. 마트에 가서도 '오늘 바나나 상태가 좋네'로 끝내지 말고 직접 들어서 향을 맡아봅니다. '바나나도 다 같은 바나나가 아닙니다. 덜 익은 바나나, 잘 익은 바나나, 검은 반점이 생긴 바나나까지, 다 다를 거예요.

더운 지역에서 생산된 포도로 만든 와인은 종종 말린 과일 향이 납니다. 말린 과일도 향을 맡고 기억해보세요. 평소에 먹는 신선한 과일과는 또 다른 향을 느낄 수 있을 겁니다. 좀 더 나아가서 각종 허브류와 한약재도 직접 향을 맡아보고 기억해두면 큰 도움이 됩니다.

이렇듯 일상에서 접할 수 있는 향을 기억하고 머릿속에 저장해두면 와인 마실 때 쉽게 떠올릴 수 있을 거예요. 잊지 않기 위해 특정한 기억과 함께 저장해두는 것도 좋습니다.

와인에서는 이런 향만 나는 게 아닙니다. 장마철 소나기가 내릴 때의 먼지 냄새와 물비린내,

산림욕장에 갔을 때 기끼 냄새와 피톤치드 느낌, 마른 흙과 젖은 흙내음, 기분 좋지는 않지만 소를 키우는 우사 냄새와 걸레가 덜 마른 쉰내 같은 것도 드물게 결함이 있는 와인에서 느껴집니다. 이처럼 우리의 일상에서 느낄 수 있는 모든 냄새를 머릿속에 저장해두고, 와인을 마실 때 꺼내 쓰는 거죠. 냄새를 느끼는 건 사람마다 다릅니다. 감각 자체의 민감도도 다르겠지만 기억하고 있는 향이 저마다 다르거든요. 앞으로 와인 마실 때는 자신만의 향에 대한 기억을 떠올려보세요.

맛을 느끼는 방법

1단계		2단계
입안 전체를 코팅하듯, 양치 후 가글할 때처럼 입안 전체에 머금기	>	잇몸과 혀뿌리 끝까지 와인 보내기

맛을 볼 때는 처음으로 단맛이 감지되고 혀의 양 끝에서 신맛을 감지합니다. 혀의 뒤쪽 가장자리에서는 짠맛도 느낄 수 있죠. 레드 와인에 주로 함유된 타닌은 혀의 중간 부분에서 느낄 수 있지만, 잇몸으로도 느낄 수 있습니다. 소주를 마시거나 맥주를 마실 때, 혹은 음료 마실 때를 생각해보세요. 혀를 타고서 목으로 바로 넘어가죠? 오랜 시간 그렇게 해왔기 때문에 습관처럼 그렇게 하는 거예요.

하지만 와인은 조금 다릅니다. 입안 전체를 코팅하듯이, 마치 양치 후 가글할 때처럼 우물우물하면서 잇몸과 혀뿌리 끝까지 와인을 보내야 와인의 참맛을 알 수 있습니다. 입에서는 와인의 질감, 무게감 그리고 향이 느껴지는데 코로 맡았던 향과 같은 향을 느끼는 경우도 있고 그렇지 않은 경우도 있습니다. 와인을 마실 때 혀를 타고 꿀꺽 넘겨버리면 와인의 반도 못 느낄 수 있으니 꼭 입안 전체로 퍼트린다는 걸 잊지 마세요.

맛과 향의 변화
와인 보관(숙성) 및 음용 온도

와인의 음용 온도는 대략적으로 정해져 있지만, 취향에 따라 약간의 변화를 주는 것은 무방합니다. 화이트 와인이나 스파클링 와인의 경우 실온에 두면 온도가 지속적으로 오르게 되는데, 이때 필요한 와인 액세서리가 '아이스 버킷'입니다. 아이스 버킷에 물과 얼음을 넣고 와인을 넣었다 뺐다 하면서 온도를 맞춰서 마시는 거죠.

레드 와인도 아이스 버킷이 필요할 때가 있는데, 바로 여름입니다. 너무 더울 때는 레드 와인의 음용 온도를 벗어나기 쉽기 때문이죠. 사실 와인에 '딱 이 온도야!' 하는 온도는 없습니다. 기본 음용 온도를 알고 자신의 취향에 맞는 온도를 찾아서 와인을 마시는 것도 커다란 즐거움이랍니다.

음용 온도

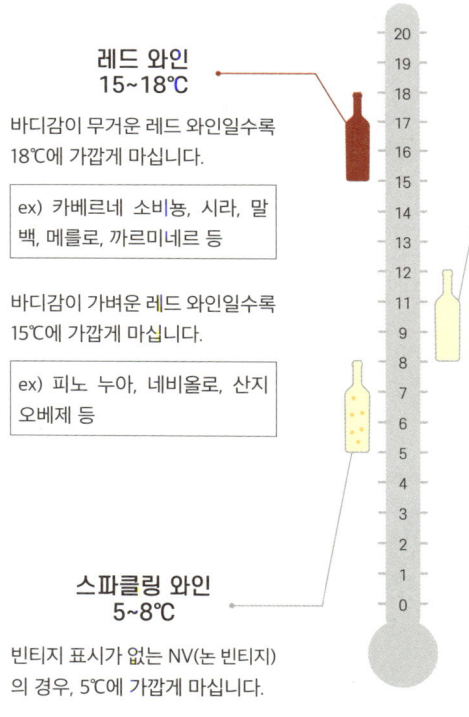

레드 와인
15~18℃

바디감이 무거운 레드 와인일수록 18℃에 가깝게 마십니다.

ex) 카베르네 소비뇽, 시라, 말백, 메를로, 까르미네르 등

바디감이 가벼운 레드 와인일수록 15℃에 가깝게 마십니다.

ex) 피노 누아, 네비올로, 산지오베제 등

화이트 와인
8~12℃

바디감이 무겁거나 오크 숙성을 거친 화이트 와인일수록 12℃에 가깝게 마십니다.

ex) 샤르도네, 비오니에 등

바디감이 가벼운 화이트 와인일수록 8℃에 가깝게 마십니다.

ex) 소비뇽 블랑, 리슬링 등

스파클링 와인
5~8℃

빈티지 표시가 없는 NV(논 빈티지)의 경우, 5℃에 가깝게 마십니다.

빈티지가 표시돼있고 숙성이 10년 이상 진행된 스파클링 와인의 경우, 8℃에 가깝게 마십니다.

ex) 샴페인, 까바, 젝트, 프로세코 등

와인 보관 방법

와인을 보관하는 이유는 언제든지 와인을 꺼내 마시고 싶거나, 특별한 의미가 있는 와인 또는 이제 막 출시된 와인을 숙성시키고 싶을 때로 나뉠 거예요. 와인은 마치 김치와 같아서 시간이 지남에 따라 맛과 향이 변하고 발전하거든요.

와인은 보관할 때 여건이 아주 까다로워서 전용 냉장고 없이는 오래 보관하기 어렵습니다. 사계절이 뚜렷한 한국에서는 와인 셀러가 필수 품목입니다. 그럼 와인이 가장 좋아하는 환경을 한번 알아볼까요?

| 적절한 온도 (12~14℃) | 적절한 습도 (60~70%) | 일정한 온도 유지 | 빛이 없는 곳 | 진동이 없는 곳 |

와인을 보관할 때는 화이트 와인도 레드 와인과 동일한 온도에서 보관합니다. 종종 화이트 와인의 음용 온도에 가까운 8~10℃ 사이로 설정하는 경우가 있는데, 이는 바로 꺼내 마시기는 좋지만 숙성이 느려지는 단점이 있습니다. 숙성이 목적이라면 12~14℃ 정도가 적당합니다. 보관용 와인을 잘 고르려면 향후 숙성 가능성을 봐야 합니다. 가장 쉬운 방법은 빈티지 차트를 참고하는 것입니다.

빈티지 차트에는 각 국가별, 지역별로 어느 해의 작황이 좋았는지 점수로 표시돼있어 와인을 고르는 데 도움을 줍니다. 좋았던 빈티지는 대부분 장기 숙성이 가능하기 때문에 빈티지가 가장 좋은 해의 와인을 고르면 됩니다.

와인 실전 꿀팁

와인은 가격이 비싸게 인식돼있어서 기념일에 마신다거나 중요한 사람들과 나누는 경우가 많습니다. 그러다 보니 자주 접하기가 어렵죠. 하지만 자주 접하다 보면 와인도 이전에 마시던 술과 다르지 않고, 사실 가격도 그리 비싸지 않다는 걸 알게 될 거예요. 다만 와인은 종류가 아주 다양하고 가격대도 천차만별인데다, 필요한 액세서리도 많으니 좀 더 기억할 게 많을 뿐이죠. 하나씩 배워가며 와인을 즐긴다면 즐거움이 배가 될 거예요.

알아두면 유용한
레스토랑에서 와인 고르는 법

레스토랑에 가면 와인 메뉴판이 따로 준비되어 있는 경우가 많습니다. 식사 때 와인을 곁들여 같이 마시는 게 자연스럽기 때문인데요. 이때 와인 초보자들은 어떤 와인을 주문해야 할지 몰라 당황하기 쉽습니다. 여기서는 레스토랑에서 나에게 맞는 와인을 어떻게 골라야 할지 알아보겠습니다.

❖ 나에게 맞는 와인 고르기 3단계

1단계:
자신의 취향 알아보기

레스토랑에 가서 어떤 와인이 가장 맛있냐고 물어보면 인기 있거나 유명한 와인을 추천받을 수 있어 좋습니다. 하지만 반대로 '어떤 스타일의 와인을 좋아하시나요?' 하고 질문이 돌아올 수도 있습니다. 그럼 당황스러울 거예요. '내가 좋아하는 스타일이 있었나?' '내가 좋아하는 와인이 무엇일까?'

와인을 추천받기 위해서는 자신이 어떤 맛과 향을 좋아하는지부터 되짚어봐야 합니다. '과일 향을 좋아했나?' '나무 향, 초콜릿 향을 좋아했나?' 가볍고 상큼한 와인을 좋아하는지, 묵직하고 힘 있는 스타일을 좋아하는지 정도는 알아야 답할 수 있으니까요.

이렇게 자신의 취향을 알고 소믈리에의 추천을 받을 수도 있지만 스스로 와인을 고르는 것도 좋은 방법입니다.

2단계:
함께 하는 음식 정하기

그다음으로는 음식이 주가 될지 와인이 주가 될지부터 정해야 합니다. 음식이 주가 된다면 음식에 어울리는 와인을 고르는 것이 좋고, 와인이 주가 된다면 와인에 맞춰서 음식을 주문하면 됩니다.

무엇이 먼저든 육류에는 레드 와인이 어울리고 해산물과 샐러드류에는 화이트 와인이나 스파클링 와인이 어울린다는 것만 기억하면 됩니다.

3단계:
예산에 맞게 주문하기

음식과 와인의 예산을 정한 후 주문하는 게 좋습니다. 와인을 꼭
병으로 시켜야 하는 것은 아닙니다. 레스토랑마다 '하우스 와인'
이라는 글라스 와인을 저렴하게 판매하고 있어서 가볍게 마시기
좋습니다.

만약 방문하려는 레스토랑에 원하는 와인이 없다면 '콜키지(Cork-
age, 손님이 식당에 와인을 가져 가면 레스토랑에서 잔을 제공하고 코르크
마개를 개봉해주는 서비스)' 여부를 문의하는 것도 좋은 방법입니다.
무료인 곳도 있고 비용을 받는 곳도 있는데, 보통 한 병당 3~5만
원 정도의 비용이 책정됩니다. 콜키지가 불가한 곳도 있으니 꼭 문
의하고 방문하세요.

와인의 특징에 어울리는
와인 잔 고르는 방법

술의 종류마다 그 맛과 향을 높여주는 잔이 있죠. 와인도 그렇습니다. 특히 와인은 다양한 종류에 걸맞게 잔의 종류도 셀 수 없이 많습니다. 각 와인의 특징에 어울리는 와인 잔을 알아두면 와인을 마시는 즐거움이 더욱 커질 거예요.

❖ 포도 품종별 와인 잔

와인은 다양한 지역과 다양한 스타일로 만들어지고 와인을 만드는 포도 품종 또한 다양합니다. 품종에 최적화된 향과 맛을 느끼기 위해서는 그에 맞는 와인 잔을 사용합니다.

보르도 와인 잔은 대부분의 레드 품종의 와인을 마시는 데 사용되고, 부르고뉴 와인 잔은 피노 누아와 네비올로 품종을 마시기에 적합한 글라스입니다. 보울이 작은 화이트 와인 잔은 대부분의 화이트 와인에 어울립니다. 와인 중 유일하게 기포가 있는 스파클링 와인은 기포를 즐기기 위해 얇고 긴 플루트 형태의 글라스를 사용합니다.

하지만 이 모든 잔을 다 구매하면 파산하고 말지도 모릅니다. 와인 입문 시 모든 것을 다 구비하기 어려우니 처음에는 보울이 커다란 레드 와인 잔과 화이트 와인 잔, 두 가지 정도만 구비해도 충분합니다. 스파클링 와인도 화이트 와인 잔에 마시면 됩니다.

❖ 다양한 와인 잔 브랜드

취미는 곧 '장비발'로 이어지기 마련이죠. 어느 정도 와인을 마시다 보면 브랜드가 눈에 들어오게 됩니다. 각 품종별, 시리즈별로 가장 다양한 와인 잔을 만들어내는 '리델(Ridel)'이 대표적입니다. 개미 지옥이라고 해도 과언이 아닙니다.

그 외에도 저가부터 고가까지 다양한 가격대의 브랜드가 있습니다. 먼저, 가장 가볍고 애호가들 사이에서 인기 만점인 '잘토(Zalto, 약 6~8만 원대)'가 있습니다. '지허(Zieher, 약 9~13만 원대)'는 잔이 살짝 휘어질 정도로 탄성이 좋습니다. 평론가들이 가장 사랑하는 '가브리엘(Gabriel, 약 10만 원대)'은 라인업이 적어서 요즘 흔히 말하는 '플렉스'하기가 쉽습니다. 여기까지 프리미엄 브랜드에 속하는 고가의 글라스입니다.

실속형 글라스로는 가성비가 뛰어난 '슈피겔라우(Spiegelau, 약 1~2만 원대)'가 있습니다. 대형 마트에서도 쉽게 구할 수 있는 가성비 뛰어난 '쇼트즈위젤(Schottzwiesel, 약 1~2만 원대)'은 '지젤 잔'이라고 부르기도 합니다.

마리아주

프랑스어로 결혼을 뜻하는 '마리아주(Marriage)'는 와인과 음식의 조합을 말합니다. 영어로는 '페어링(Pairing)'이라고 부릅니다. 와인과 음식이 결혼한다는 의미인데, 단순히 와인과 음식이 어울린다는 의미만이 아니라 둘이 어우러지면서 단독으로는 낼 수 없는 맛을 만들어낸다는 의미와 서로의 단점을 보완해준다는 의미를 가지고 있습니다.

❖ 음식과 와인의 궁합

아무리 좋은 와인이라 해도 어울리지 않는 음식과 함께 하면 오히려 맛을 해칠 수 있습니다. 하지만 마리아주가 맞는 음식과 함께 하면 와인을 더욱 맛있게 즐길 수 있죠. 여기에는 큰 원칙이 있습니다.

같은 느낌의 음식과 와인의 조합

- 레드 와인 + 붉은 육류
- 화이트 와인 + 가금류, 해산물 등 흰 살 생선
- 산미가 높은 와인 + 새콤한 음식
- 당도가 높은 와인 + 달콤한 음식

와인과 음식의 색, 와인과 음식의 맛을 맞춰서 먹어보세요. 음식에서 흔히 매칭되는 단짠도 와인에 적용이 됩니다. 짠맛이 강한 블루 치즈에 단맛이 넘쳐나는 소테른 와인은 교과서적인 마리아주의 예입니다.

그렇다면 연어에는 어떤 와인이 잘 어울릴까요? 생선이기 때문에 기본적으로 화이트 와인이나 샴페인이 잘 어울리지만, 레드 와인 중 타닌이 약한 피노 누아와도 잘 어울립니다. 겨울이 제철인 굴에 어울리는 와인으로는 전통적으로 샤블리 지역에서 나오는 와인이 공식이나 마찬가지고, 상큼한 맛이 감도는 샐러드류에는 산미가 강한 샴페인이 제격입니다.

지역 음식과 와인의 조합

- 특정 지역 와인 + 같은 지역 음식

특정 지역의 와인은 해당 지역의 음식이 가장 잘 어울린다는 것도 잊지마세요. 이탈리아 파스타와 토스카나 지역에서 생산되는 키안티 와인이 찰떡 궁합인 것처럼요.

Q. 집들이를 위한 마리아주, 어떻게 하면 좋을까요?

새 아파트로 이사 후 집들이 준비 겸 마트에 장을 보러 나온 30대 주부 A 씨. 집들이 메뉴는 잡채와 불고기, 각종 나물과 전인데 요즘 많이 마신다는 와인이 생각나 준비한 메뉴에 어울릴 와인을 찾아 마트 와인 코너로 향하게 됩니다. 하지만 너무나도 많은 와인 종류에 '멘붕' 상태가 됩니다. A 씨는 어떤 와인을 고르는 게 좋을까요?

솔루션

Solution

① 한국 음식은 기름지거나 짠맛, 매운맛 등이 강하기 때문에 화이트 포도 품종 중 과실 향이 많이 나고 산미가 높은 편인 소비뇽 블랑이나 리슬링으로 만든 와인을 추천받아 보세요.

② 육류의 경우, 강한 양념보다 간장류의 양념이 가미된 것이 많으니 강렬한 맛을 가진 레드 와인보다 떫은맛이 적고 섬세한 스타일의 레드 포도 품종인 메를로나 피노 누아로 만든 와인을 구매하세요.

처음 시작은 값비싼 와인보다 저렴한 가격대로 1~3만 원 사이의 와인 정도면 충분할 겁니다. 음식과 궁합을 맞춰보며 새로운 맛을 찾아가 보세요.

Q. 최고의 피크닉을 위한 마리아주가 고민입니다.

갓 직장에 입사한 20대 여성 B 씨는 오랜만에 고등학교 동창들과 한강에서 노을을 바라보며 와인을 마시기로 했습니다. 와인과 같이 할 안주는 치즈와 샌드위치 같은 가벼운 음식을 준비하기로 했는데, 모두 와인의 경험이 없고 안주와 어울리는 와인을 고르기 어려운 상황입니다. 어떤 와인을 골라야 만족스러운 피크닉이 될까요?

Solution

① 여러 스타일의 와인 중 로제 와인은 다양한 음식과 어울리는데, 특히 가벼운 샌드위치나 치즈류와 마리아주가 잘 맞습니다. 로제 와인을 마실 때 주의할 점은 온도입니다. 로제 와인을 즐기기에 가장 적당한 온도는 약 10℃ 내외입니다. 온도를 유지하기 위해서는 휴대용 아이스 버킷에 약간의 큐브 아이스와 물이 필요합니다.

② 다양한 로제 와인이 있지만, 대부분 2~4만 원 사이에 구할 수 있어 부담스럽지 않게 즐길 수 있습니다. 특히 석양이 지는 한강 둔치의 분위기를 살려주는 특별한 와인이 될 겁니다.

③ 신맛과 떫은맛의 경험이 적은 친구들을 위해서 '모스카토 다스티'를 준비하는 것도 좋습니다. 모스카토 다스티는 타닌이 적어 달콤하면서도 약간의 스파클링이 있어서 즐거움을 배가시킬 수 있는 최고의 와인입니다.

Q. 동창 모임에서 와인을 소개하고 싶습니다.

30대 남성 B 씨는 고등학교 동창 모임을 주최하게 됐는데, 이번에는 소주 말고 분위기 있게 와인을 마시자는 의견이 나왔습니다. 모임의 총무로서 와인을 준비해야 하는데, 친구들의 입맛을 맞출 수 있을 만한 와인으로 어떤 것이 있을까요?

솔루션
Solution

① 소주의 높은 알코올 도수에 길들여진 우리나라 30대 남성이라면 일반적으로 알코올 도수가 13% 정도인 와인은 자칫 싱겁게 느껴질 수도 있습니다. 하지만 걱정 마세요. 와인도 알코올 도수가 14~15%, 심지어는 17%가 넘는 것들이 있으니까요. 특히 알코올이 높은 것은 레드 와인에서 쉽게 찾을 수 있으니, 일단 레드 와인을 염두에 두는 게 좋습니다.

② 생산 지역으로 보면 칠레의 카베르네 소비뇽, 아르헨티나의 말벡, 미국의 쁘띠 시라 또는 진판델, 호주의 쉬라즈 품종으로 준비하면 알맞을 것으로 보입니다.
이 와인들은 대부분 바디감이 풀 바디에 가깝고 맛과 향이 진하며 알코올 도수가 14% 이상인 경우가 많습니다. 또한, 대형 마트에서 쉽게 찾아볼 수 있고 가격대도 1~3만 원 사이에서 다양하게 선택할 수 있습니다. 삼겹살, 소고기, 곱창 등의 안주와도 잘 어울리는 스타일이라 음식과 함께 하기에도 좋은 구성입니다.

Q. 비즈니스 자리에서의 와인 준비, 어떻게 하면 좋을까요?

40대 남성 A 씨는 다음 날 아주 중요한 클라이언트와 저녁 식사 약속이 있습니다. 클라이언트와 계약을 성사시키기 위해서는 멋진 저녁 자리를 만들어야 하는데, 마침 클라이언트가 와인을 즐겨 마신다고 합니다. 하지만 클라이언트가 어떤 와인을 좋아하는지는 모르는 상태입니다. 어떻게 하면 만족스러운 저녁 식사 자리를 만들어 계약을 성사할 수 있을까요?

솔루션
Solution

1 레스토랑을 예약할 때 해당 레스토랑 소믈리에게 음식과 마리아주를 맞춰서 추천받는 게 가장 보편적인 방법이지만, 와인 리스트의 종류가 적거나 원하는 와인이 없을 때는 콜키지 가능 여부를 문의하고 직접 와인을 골라서 가져가야 합니다.

2 클라이언트의 취향을 전혀 모를 때는 가장 클래식한 것이 가장 좋은 방법이 될 수 있습니다. 프랑스 보르도 지역에서 생산되는 그랑 크뤼 와인이나 이태리를 대표하는 슈퍼 투스칸 스타일의 와인, 또는 미국 나파 밸리 지역에서 생산되는 컬트 와인도 좋습니다. 이 세 가지 스타일의 와인은 인지도가 높고 유명한 와인들이라 와인에 조금만 관심이 있어도 바로 알아챌 겁니다.

3 클라이언트의 와인 취향을 알고 있다면 취향에 맞는 와인을 가져가되 최근 빈티지가 아닌, 10년 이상 지난 올드 빈티지를 가져가는 것도 특별함을 더해줄 수 있습니다.

와인 평가법

와인은 하늘에 떠있는 별보다 많습니다. 와인을 오랜 기간 마셔도 처음 보는 와인이 자꾸 생겨나죠. 그래서 보통은 생소한 와인을 선택할 때 자기만의 기준점을 가지고 고르게 됩니다. 레이블이 예쁘다든가, 느낌이 좋다든가, 가격이 저렴해 보인다든가 등 말이죠. 그렇다면 와인을 객관적으로 평가할 수 있는 지표로는 어떤 것들이 있고, 또 어떻게 활용할 수 있을까요?

평점 확인하기

와인은 객관적으로 평가할 수 있는 지표가 있습니다. 바로 평점입니다. 유명 와인 잡지나 와인 평론가들은 물론이고, 다양한 채널을 통해 일반 구매자들도 앞다투어 와인에 점수를 부여하는데, 이 점수가 와인을 구매함에 있어서 큰 역할을 합니다.

전문가 평점

미국의 유명 잡지 <와인 스펙테이터(Wine Spectator)>는 100점 만점을 기준으로 점수를 매기고, 해마다 연말에는 올해의 100대 와인을 발표합니다. 영국의 유명 와인 잡지 <디캔터(Decanter)>도 100점 만점을 기준으로 점수를 부여하고 100대 와인을 발표하고 있죠.

와인을 평가하는 평론가로 가장 유명한 사람은 바로 로버트 파커입니다. 전 세계적으로 가장 유명하고 영향력 있는 평론가인데, 100점 만점을 기준으로 점수를 매깁니다. 파커에게 100점을 받으면 와인 가격이 상승하고 품귀되는 현상이 일어나기도 합니다.

와인 어플리케이션 활용하기

와인 애호가를 위한 리뷰 어플리케이션도 있습니다. 대표적인 것이 바로 '비비노(VIVINO)'입니다. 비비노는 합리적인 방식을 취하고 있습니다. 전 세계 사용자들이 평가를 내리고 평균 점수를 내기 때문에

> *** '비비노' 평점(5.0 만점)의 일반적인 기준**
>
> • 4.0 이상 : 고득점의 기준이 되는 점수로,
>   마셔볼 만한 와인
> • 4.3 이상 : 아주 좋고 맛있는 와인

다수의 의견이 모아진 점수라고 볼 수 있습니다. 소비자의 입장에서는 전문가가 아닌 나와 같은 소비자들이 내린 평가이기 때문에 신뢰도가 높아지기 마련이죠. 그러면 '4.0점 이하의 와인은 맛이 없나요?'라고 반문할 수 있을 거예요. 거기에 대한 제 대답은 '아니다'입니다. 4.0 이하여도 평점을 준 수많은 사람의 입맛 편차가 크고 아마추어가 내린 평점이기에 와인의 질이나 숙성 잠재력 같은 본질보다는 개개인의 기호가 반영된 점수이기 때문입니다. 비비노 점수는 대중의 트렌드와 선호도를 나타내는 지표 정도로 삼는 것이 좋습니다.

Part 2

와인 선택
가이드

* 와인을 제조한 포도의 수확 연도를 표시하는 '빈티지'는
매해 자주 유통되거나 구할 수 있는 상품이 달라집니다.
그래서 이 책에서는 빈티지를 따로 표기하지 않았습니다.

묵직한
레드 와인

물과 우유를 마실 때 각각의 느낌을 떠올려보세요. 입안에서, 그리고 목으로 넘어가는 느낌은 두 음료가 확연히 다를 겁니다. 이처럼 음료는 종류에 따라 마실 때 느껴지는 느낌이 다릅니다. 와인도 마찬가지입니다. 만드는 품종이나 방법 또는 생산 지역에 따라 그 느낌이 천차만별이죠. 레드 와인 풀 바디 스타일의 경우, 가벼운 느낌의 소주나 맥주와는 다르게 막걸리처럼 조금은 묵직하게 느껴집니다.

맥매니스, 쁘띠 시라
McManis, Petite Sirah

'맥매니스' 와이너리는 5대째 가족 경영 중인 스몰 와이너리로, 친환경 인증을 받은 양질의 포도인 '쁘띠 시라' 품종을 재배하고 있습니다. 쁘띠 시라는 주로 미국에서 재배되는 품종인데, 대부분 풀 바디의 묵직한 스타일로 만들어집니다. '맥매니스, 쁘띠 시라'는 기자들이 선정한 '나만 알고 싶은 숨겨진 보물 같은 와인 베스트 10'에 선정되고, '2020년 대한민국 주류 대상'을 받았을 정도로 국내에서도 인정받는 와인입니다.

WINE INFO

생산국	미국
생산지	로다이
품종	쁘띠 시라 100%
적정 음용 온도	16~18℃
알코올 함량	13.5%
판매가격	3만 원대
구매처	와인 숍, 대형 와인 아웃렛

❖ **Inside of Wine** ❖

관련 상식

미국 로다이 지역은 일조량이 높은 지역으로, 와인 생산량이 많습니다. 하지만 아직 많이 알려지지 않아서 와인 가격에 거품이 적습니다. 그래서 미국 내 마지막으로 남은 가성비 좋은 지역으로 손꼽히고 있기도 하죠. 바디감이 묵직하고 진한 스타일의 와인을 선호한다면 로다이 지역에서 생산된 와인을 추천합니다.

언제 마실까?

평범한 와인이 지겨울 때 쁘띠 시라를 시도해보세요. 또 다른 파워풀한 느낌을 느낄 수 있습니다.

향

블랙베리, 초콜릿, 캐러멜, 바닐라

맛

크리미한 질감을 가지고 있으며, 약간의 타닌과 잔당감*이 감칠맛을 더해줍니다.

어울리는 음식

갈비찜, 스테이크, 경성 치즈

* 잔당감
  와인을 만들 때 당이 알코올로 변하게 되는데, 이때 남아있는 당분에서 느껴지는 달콤한 느낌.

총평
General Review

'쎈 오브 쎈'

쁘띠 시라라는 품종의 특성상 향이 강해서 향과 맛이 확실한 편이에요. 이처럼 강렬한 인상의 맛과 향을 원한다면 쁘띠 시라를 꼭 기억하세요.

서브미션 카베르네 소비뇽

Submission Cabernet Sauvignon

'서브미션 카베르네 소비뇽'은 트렌디한 스타일의 양조 와인으로, 미국이 원산지인 와인답게 햄버거, 스테이크 등과 잘 어울립니다. 누구나 구분해낼 수 있을 만큼 향이 직관적이고 맛이 강한 스타일입니다. 약간의 잔당감이 포함돼있어 와인 초보자도 부담 없이 마실 수 있는 와인입니다.

WINE INFO

생산국	미국
생산지	캘리포니아
품종	카베르네 소비뇽 100%
적정 음용 온도	16~18℃
알코올 함량	14.5%
판매가격	2만 원대
구매처	와인 숍, 대형 마트

❖ **Inside of Wine** ❖

관련 상식

미국에서 생산되는 1~3만 원대 와인들은 음식과 매치하기가 좋은 편인데, 이 와인 또한 그렇습니다. 약간의 잔당감이 소스가 강한 미국 음식에 감칠맛을 더해주죠. 또한, 와인의 강한 향이 음식의 향에도 밀리지 않아 와인을 음미하기에도 좋습니다. 와인에는 음식이 빠질 수 없는 만큼, 와인이 생산된 국가의 전통 음식과 매치하면 실패 없이 즐길 수 있습니다.

언제 마실까?

캠핑 가서 바비큐와 함께 와인을 마시고 싶을 때 시도해보세요.

향

다크 초콜릿, 코코아, 바닐라,
삼나무, 검은 베리류

맛

묵직한 바디감과
강하지 않은 산미, 향만큼이나
맛의 강도가 세 맛이 확연히
구분되는 장점이 있습니다.

어울리는 음식

햄버거, 스테이크

총평
*General
Review*

'터프가이'

맛이 강한 'AI 소스'와 만나도 힘을 잃지 않고, 고기 구울 때 연기가 바로 옆에서 피어올라도 향이 느껴질 만큼 존재감이 강한 와인입니다.

샤또 몽페라 루즈
Chateau Mont-Pérat Rouge

세계적으로 유명한 와인 메이킹 컨설턴트 미셸 롤랑과의 협업으로 탄생한 와인입니다. 와인을 주제로 한 만화책《신의 물방울》에는 '샤또 몽페라 루즈'를 마시는 순간, 전설적인 록 그룹 퀸의 〈보헤미안 랩소디〉가 귓가에 들린다고 표현되기도 했습니다. 이 '샤또 몽페라 루즈'는 일반적인 보르도 지역 와인과 달리 파워풀한 맛과 향을 지니고 있어 단일 품종으로 만든 와인을 주로 선호하는 초보자들에게도 많은 사랑을 받고 있습니다.

WINE INFO

생산국	프랑스
생산지	보르도
품종	메를로 75%, 카베르네 소비뇽 15%, 카베르네 프랑 10%
적정 음용 온도	16~18℃
알코올 함량	13.5%
판매가격	2만 원대
구매처	와인 숍, 대형 와인 아웃렛, 대형 마트

❖ **Inside of Wine** ❖

관련 상식

프랑스 보르도 지역 와인의 전통적인 스타일은 잔당감이 전혀 없고 다양한 포도 품종이 블렌딩돼 복잡한 맛과 향을 이루고 있습니다. 이런 포인트 때문에 와인 초보자들에게 다가가기 어려운 와인이기도 합니다. 이 와인은 프랑스 와인임에도 불구하고 직관적인 맛과 향을 지니고 있어 보르도 지역 와인에 입문할 때 좋은 대안이 되고 있습니다.

언제 마실까?

지인들과 편한 자리에서 《신의 물방울》을 언급하며 '샤또 몽페라'를 마시면 퀸의 〈보헤미안 랩소디〉가 들린다고 알려주세요. 와인을 마시는 즐거움이 배가 될 거예요.

향
딸기, 자두, 블랙베리류,
삼나무, 가죽

맛
미디엄 바디를 넘어서는
묵직한 바디감을 가지고 있으며,
산미가 아주 적절합니다.
부드러운 타닌과
진한 과실 향을 느낄 수 있습니다.

어울리는 음식
스테이크, 버섯, 파스타

총평
General Review

'입문용 보르도 와인'

초보자들이 어려워하는 보르도 와인이지만, '샤또 몽페라'만큼은 예외입니다.
만족도가 아주 높은 보르도 스타일의 와인이죠.

하트랜드 쉬라즈
Heartland Shiraz

"이 와인을 오픈하는 순간 우리의 노력을 알게 될 것이다."

'하트랜드 쉬라즈'를 만드는 호주 최고의 와인 메이커 벤 글레쳐의 말입니다. 그만큼 자신 있다는 의미겠죠? 비슷한 가격대의 다른 쉬라즈들에서는 약간의 과실 향과 희미한 오크 향이 느껴지는 정도인데, '하트랜드 쉬라즈'는 풍성하고 강력한 과실 향뿐 아니라 스파이시함과 고급스러운 오크 향까지 지니고 있습니다.

WINE INFO

생산국	호주
생산지	랑혼 크릭
품종	쉬라즈 100%
적정 음용 온도	16~18℃
알코올 함량	14.5%
판매가격	2만 원대
구매처	와인 숍, 대형 와인 아웃렛

❖ **Inside of Wine** ❖

관련 상식

호주에서 최고의 쉬라즈 품종 생산지는 바로사 밸리와 맥라렌 베일 지역으로 알려져 있지만, 또 하나의 보석 같은 생산지가 있습니다. 바로 랑혼 크릭 지역입니다. 이곳은 뛰어난 테루아*를 지니고 있어 와인을 소량 생산하는 부티크 와이너리들이 몰려있습니다. 이곳에서 다양한 양질의 와인이 많이 생산됩니다.

언제 마실까?

돌려서 마개를 오픈할 수 있는 '스크루 캡' 방식을 사용하고 있어, 와인 오프너(코르크스크루)를 챙겨가기 어려운 캠핑이나 외부에서 마시기 좋습니다. 또한, 코르크 마개로 된 와인 오픈이 어려운 초보자가 쉽게 접근할 수 있는 와인입니다.

향
자두, 블랙페퍼, 초콜릿, 삼나무

맛
미디엄 투 풀 정도의 바디감과 벨벳 같은 타닌감, 중상급의 산미를 느낄 수 있습니다.

어울리는 음식
양갈비, 스테이크, 족발

* 테루아
  와인의 원료가 되는 포도를 생산하는 데 영향을 주는 토양, 기후 따위의 조건을 통틀어 이르는 말.

총평
General Review

'세상에서 가장 저렴한 천재의 와인'

일반적으로 유명한 와인 메이커들의 와인은 고가에 속하는 경우가 많지만, '하트랜드 쉬라즈'는 벤 글레쳐라는 천재적인 와인 메이커가 만든 와인임에도 2만 원대라는 저렴한 가격대에 만날 수 있다는 큰 장점을 가지고 있습니다.

페이라노 에스테이트
올드 바인 진판델

Peirano Estate Old Vine Zinfandel

천혜의 자연환경을 가진 미국 로다이 지역의 진가를 진작에 알아본 '페이라노'는 로다이 지역의 터줏대감으로, 100년이 넘도록 가족 경영으로 와이너리를 이어오고 있는 전통 있는 생산자입니다. 하지만 클래식한 스타일만을 고집하지 않고 트렌드를 잘 반영해 대중에 맞는 와인을 생산하고 있습니다. 진한 스타일의 와인은 자칫 섬세함을 잃어버릴 수 있는데, 힘과 섬세함을 동시에 지닌 아주 뛰어난 와인을 만들고 있습니다.

WINE INFO

생산국	미국
생산지	로다이
품종	진판델 100%
적정 음용 온도	16~18℃
알코올 함량	14.8%
판매가격	3만 원대
구매처	와인 숍, 대형 와인 아웃렛

❖ **Inside of Wine** ❖

관련 상식

진판델 품종은 자칫하면 붉은 베리 향과 스파이시 향만이 강조돼 단조로운 와인이 되기 쉽습니다. 하지만 '페이라노 에스테이트 올드 바인 진판델'은 붉은 과실 향이 다양하게 느껴지면서도 화려한 꽃 향과 고급스러운 오크 향이 은은하게 배어 한층 복합적인 느낌을 줍니다.

언제 마실까?

진판델 품종의 새로운 면모를 느끼고 싶을 때 시도해보세요.

향
블랙체리, 흑설탕,
자두, 밀크 초콜릿

맛
적절한 타닌과 바닐라, 토스트
향이 입안에서 느껴집니다.
산미가 뒤를 받쳐줘서
밸런스가 좋게 느껴집니다.

어울리는 음식
양고기, 돼지고기, 올리브

'혼자 마시고 싶은 와인'

120년이 넘은 수령의 포도로 만든 와인이다 보니 생산량이 많지 않아 우리나라로 수입되는 물량도 적습니다. 이 와인이 사람들에게 알려진다면 내가 마실 와인이 없을 수도 있다는 생각에 조바심이 들 만큼 독점욕을 일으키는 와인입니다.

체라볼로, 쁘띠 베르도

Ceravolo, Petit Verdot

카베르네 소비뇽, 메를로, 쉬라즈 등의 인기 품종이 아닌 비인기 품종으로 와인을 만든다는 건 크나큰 모험이죠. 사실 쁘띠 베르도 품종은 와인을 블렌딩할 때도 보통 10% 이내의 아주 소량으로 쓰이고, 최대 50% 이상은 사용하지 않는 품종입니다. 그래서 전 세계적으로 쁘띠 베르도 품종 100% 와인은 무척 드뭅니다. 심지어 그중 맛있는 와인은 거의 없다고 해도 무방할 정도입니다. 그럼에도 '체라볼로'는 도전했고 최근 들어 성과를 나타내기 시작했습니다. '체라볼로, 쁘띠 베르도'는 단언컨대 쁘띠 베르도 품종으로 만든 와인 중 최고라고 할 수 있습니다.

WINE INFO

생산국	호주
생산지	애들레이드 플레인스
품종	쁘띠 베르도 100%
적정 음용 온도	16~18℃
알코올 함량	15%
판매가격	4만 원대
구매처	와인 숍, 대형 와인 아웃렛

❖ Inside of Wine ❖

관련 상식

붉은 장미라는 뜻의 테라로사 토양은 이름처럼 붉
은색을 띠고 있습니다. 여기서 재배된 포도로 와인
을 만들면 미네랄 느낌이 강조되고 다양하고 복잡
한 향이 생겨납니다. 미네랄은 철분의 느낌도 있지
만, 약간의 짠맛을 의미하기도 합니다. 바로 이 짠
맛이 부드러운 질감과 감칠맛을 더해주고 유니크한
향을 만들어주죠.

언제 마실까?

잔당감이 없는 아주 진한 와인을 마시고 싶을 때 시
도해보세요.

향

가죽, 코코넛, 토스트,
바닐라, 블랙베리류

맛

벨벳 같은 부드러운 텍스처와
풀 바디의 육중한 바디감을
느낄 수 있습니다.
미네랄의 짭쪼름한 느낌이
풍미를 더해줍니다.

어울리는 음식

양고기, 스테이크, 경성 치즈

총평
General Review

'근육질의 상남자'

'체라볼로, 쁘띠 베르도'는 잔에 따르는 순간, 근처에만 가도 강하게 피어오르
는 과실 향과 오크 뉘앙스를 느낄 수 있는 와인입니다. 그래서 입에 담으면 묵
직함이 그대로 전해지며 힘이 넘쳐납니다.

보데구에라, 발렌시소 리제르바
Bodeguera, Valenciso Reserva

와인은 생산되는 지역의 특성이나 해당 지역의 법규, 생산자의 의도에 따라서 1~2년 정도 오크 숙성을 한 후 병입한 다음, 병 숙성을 1~2년 더하고 출시가 됩니다. 그런데 '보데구에라, 발렌시소 리제르바'는 오크 숙성을 거친 후 무려 10여 년의 숙성 기간을 거치고 출시하는 와인입니다. 와인은 숙성될수록 제맛이 나는데, 이 와인은 이미 충분히 숙성 기간을 거쳤기 때문에 바로 마셔도 숙성미를 충분히 즐길 수 있습니다.

WINE INFO

생산국	스페인
생산지	리오하
품종	템프라니요 100%
적정 음용 온도	16~18℃
알코올 함량	14.5%
판매가격	4만 원대
구매처	와인 숍, 대형 와인 아웃렛

— ❖ **Inside of Wine** ❖ —

관련 상식

와인의 양조 스타일이나 생산지에 따라 조금씩 다
르긴 하지만, 대부분의 와인은 출시 후 일정 시간 숙
성을 합니다. 이때 와인은 마치 김장 김치가 익어가
듯 익어가죠. 시간이 지나며 변화되는 향과 맛, 와
인의 질감은 이런 숙성 과정을 통해서만 얻을 수 있
습니다. 그래서 와인을 마실수록 숙성된 와인(올드
빈티지)을 선호하는 경향이 강해집니다.

언제 마실까?

잘 숙성된 와인에 집중해서 오롯이 와인만 즐기고
싶을 때 시도해보세요.

향

가죽, 흑연,
시가 박스, 블랙베리

맛

숙성된 와인 특유의 부드러운
타닌과 잘 녹아든 산미,
미디엄 투 풀 바디의
뛰어난 밸런스를 자랑합니다.

어울리는 음식

스테이크, 오리, 햄류

총평
*General
Review*

'세월의 힘'

시간을 돈으로 산다면 얼마나 좋을까요? 실제로 우리가 시간을 물리적으로
구매할 수는 없지만, 이 와인을 통해서라면 무려 9년이라는 시간을 단돈 4만
원대에 가질 수 있습니다. 세월이 녹아든 와인의 진수를 맛보세요.

호프 패밀리 와인즈,
오스틴 호프 카베르네 소비뇽

Hope Family Wines, Austin Hope Cabernet Sauvignon

'호프 패밀리 와인즈'는 1978년 척 호프에 의해 미국 파소 로블레스 지역에서 시작된 와이너리입니다. 파소 로블레스 지역은 태평양 연안과 근접한 높은 해발 고도의 지역적 특징이 프리미엄급의 와인을 생산하기에 최적의 장소로 손꼽히는 곳입니다. 이처럼 천혜의 자연환경을 가지고 있다 보니 미국의 프리미엄 와인 산지인 나파 밸리 지역의 대항마로 떠오르고 있기도 하죠. '오스틴 호프 카베르네 소비뇽'은 현재 미국에서 최고의 인기를 누리고 있는 와인입니다.

WINE INFO

생산국	미국
생산지	파소 로블레스
품종	카베르네 소비뇽 100%
적정 음용 온도	16~18℃
알코올 함량	15%
판매가격	10만 원대
구매처	와인 숍, 대형 와인 아웃렛

— ❖ **Inside of Wine** ❖ —

관련 상식

와인은 대개 음식과 함께 하기 좋도록 만들어지죠.
그래서 미국 와인은 다른 국가의 와인에 비해 미국
인들의 주식인 양념이 짙게 밴 스테이크와의 조화
를 위해 약간의 잔당감을 포함하는 경우가 있습니
다. '오스틴 호프 카베르네 소비뇽'은 그 잔당감을
아주 적절하게 조절한 미국 프리미엄 와인의 전형
을 띠고 있습니다. 단맛에 조금이라도 민감한 분이
라면, 미국 와인을 고를 때 꼭 잔당감 유무를 확인
해주세요.

언제 마실까?

고급 와인을 스테이크와 함께 즐기고 싶을 때 시
도해보세요.

향

볶은 커피, 블랙베리, 코코아,
말린 허브, 가죽,
바닐라, 블랙페퍼

맛

벨벳과 같은 고급스러운
질감과 입안을 꽉 채워주는
풀 바디감을 느낄 수 있습니다.
또한 타닌과 산미, 잔당감의
밸런스가 무척 좋습니다.

어울리는 음식

통삼겹살구이, 스테이크

총평
General Review

'맛이 깡패다'

와인 단독으로 즐기기에도 아주 좋지만, 미국 스타일의 스테이크에 곁들이면
더욱 즐거운 프리미엄 와인입니다.

글레쳐, 아몬 라 쉬라즈

Glaetzer, Amon-Ra Shiraz

호주를 대표하는 적포도 품종은 단연코 쉬라즈입니다. 쉬라즈를 이용해서 뛰어난 품질의 와인을 만드는 와인 메이커 중에서도 '벤 글레쳐'는 독보적인 인물이죠. 힘만 넘치는 것이 아니라 섬세함과 화려함을 동시에 지닌 와인을 만들기 때문입니다. '아몬 라 쉬라즈'는 《신의 물방울》에도 소개됐고, 와인 어플리케이션 '비비노'에서 4.4점이라는 만점에 가까운 평가을 받으며 전 세계 상위 1% 와인에 들기도 했습니다. 최고의 와인 평론가 로버트 파커로부터 늘 고득점을 받는 와인입니다.

WINE INFO

생산국	호주
생산지	바로사 밸리
품종	쉬라즈 100%
적정 음용 온도	16~18℃
알코올 함량	15%
판매가격	10만 원대
구매처	와인 숍, 대형 와인 아웃렛

❖ **Inside of Wine** ❖

관련 상식

'아몬 라'는 벤 글레쳐의 플래그쉽 와인(와이너리를
대표하는 최상급 와인 또는 아이콘 와인)으로, 대중 소
비자군을 위해서 만드는 엔트리 라인업과는 달리
모든 기술과 정성을 쏟아부어 만드는 최고급 와인
입니다. 와이너리의 진수를 느끼고 싶다면 최고가
를 자랑하는 플래그쉽 와인을 경험해보세요. 10만
원대의 플래그쉽 와인 중 손에 꼽을 만큼 주질이
뛰어납니다.

언제 마실까?

쉬라즈 품종의 파워와 화려함, 그리고 섬세함까지
느끼고 싶을 때 시도해보세요.

향
블랙베리, 바닐라,
블랙페퍼, 허브류

맛
두툼하고 부드러운 질감,
강력한 무게감과 진한 맛이
특징입니다. 플래그쉽 와인인 만큼
밸런스가 무척 뛰어납니다.

어울리는 음식
폭립, 양념갈비, 양고기

총평
*General
Review*

'호주의 컬트 와인'

지극히 소량으로 생산되는 와인입니다. 쉽게 구매할 수 없기 때문에 희소성이
높아서 눈에 띈다면 꼭 구매해둬야 하는 와인입니다.

크룹 브라더스, 더 닥터

Krupp Brothers, The Doctor

'크룹 브라더스'는 1991년 내과 의사 출신 오너이자 와인 메이커인 잔 크룹 박사가 설립한 와이너리입니다. 미국 나파 밸리 지역에서도 아틀라스 피크, 스태그스 립, 스테이지코치 등 가장 비싸고 훌륭한 테루아에 포도밭을 갖추고 있습니다. 포도밭에서 수확한 포도의 94%는 매년 '폴 홉스' '팔메이어' '그레이스 패밀리' '부켈라' 등 특급 컬트 와이너리에 판매하고, 나머지 6%의 포도만으로 크룹 브라더스의 와인을 생산하고 있습니다. 최상의 퀄리티를 가진 와인으로 주목받고 있습니다.

WINE INFO

생산국	미국
생산지	나파 밸리
품종	템프라니요 36%, 카베르네 프랑 26%, 카베르네 소비뇽 24%, 말벡 10%, 쁘띠 베르도 4%
적정 음용 온도	16~18℃
알코올 함량	15.1%
판매가격	20만 원대
구매처	와인 숍, 대형 와인 아웃렛

❖ **Inside of Wine** ❖

관련 상식

모든 와이너리가 자신들의 와인을 만드는 포도를
재배하는 것은 아닙니다. 전문 재배자와 계약을 맺
어서 포도를 구매하는 경우도 있죠. 크룹 브라더스
의 경우 소유 포도밭에서 재배한 대부분의 포도를
포도가 필요한 나파 밸리 지역 컬트 와인 메이커들
에게 판매하고 있습니다. 이런 와인 메이커들이 만
드는 와인은 50~100만 원대의 고급 와인들이죠.
크룹 브라더스는 아주 소량의 포도만 남겨 자신들
의 와인을 만드는 데 사용합니다. 뛰어난 품질의 포
도로 싼 와인을 만드는 것보다는 가성비 좋은 와인
을 만드는 거죠.

언제 마실까?

크룹 브라더스는 와인 레이블에 '의사(The Doctor)'
말고도 '금융인(The Banker)' '교수(The Professor)'
등 다양한 직업을 넣고 있습니다. 해당 직업을 가
진 분들과 함께 마시면 자리를 더욱 빛내줄 겁니다.

향
재스민, 라벤더, 체리, 석류

맛
단단한 레이어를 가지고 있습니다.
부드러운 타닌은 길게 이어지는
피니시를 지니고 있습니다.
타닌과 산미의 밸런스가
인상적인 와인입니다.

어울리는 음식
폭립, 양념갈비, 양고기

총평
General Review

'엘리트 컬트 와인'

연간 생산량이 단 700병뿐인 이 와인은 돈이 있어도 구하기 어려운 컬트 와인
입니다. 의사 직업을 가진 분들에게 최고의 선물이 될 거예요.

가벼운
레드 와인

가벼운 레드 와인은 앞서 살펴본 묵직한 레드 와인에 비해 섬세하면서도 다양한 향과 산미를 지니고 있습니다. 그래서 음식과도 더욱 다양하게 마리아주할 수 있습니다. 또한, 마시는 사람의 스타일에 따라 가벼운 레드 와인을 더 선호하기도 하죠. 종종 가벼운 와인은 싸고 무거운 와인은 비싸다고 생각하는 분들이 있는데, 와인에 있어 무게감은 와인의 가격을 정하는 척도가 아닙니다.

카스텔로 반피 키안티 클라시코
Castello Banfi Chianti Classico

'카스텔로 반피'는 1978년 존 마리아니와 해리 마리아니가 이탈리아 토스카나 지역의 몬탈치노에 설립한 와이너리입니다. 와인계의 대기업, 우리나라로 생각하면 와인계의 삼성 정도라고 생각하면 됩니다. 이탈리아 현지뿐 아니라 글로벌 시장에서도 아주 큰 인기를 얻고 있는 대중적인 와이너리입니다. 대규모로 와인을 생산하기 때문에 전반적인 라인업의 가격이 높지 않고, 대중이 쉽게 다가갈 수 있는 편안한 스타일로 양조하고 있습니다. 그중 '키안티 클라시코'는 카스텔로 반피의 베스트셀러 와인입니다.

WINE INFO

생산국	이탈리아
생산지	토스카나
품종	산지오베제 100%
적정 음용 온도	15~17℃
알코올 함량	13.5%
판매가격	2만 원대
구매처	와인 숍, 대형 마트

❖ **Inside of Wine** ❖

관련 상식

산지오베제는 이탈리아 토착 품종으로 사워 체리, 라즈베리, 크랜베리와 같은 붉은 베리류의 과실 향과 파워풀한 자두 향을 지닌 품종입니다. 보통은 가벼운 와인으로 만들어지지만, 프리미엄급으로 올라갈수록 숙성 잠재력이 길어지고 다양한 향과 견고한 산미를 보여줍니다.

언제 마실까?

풀 바디 와인은 부담스럽고, 어느 정도 산미가 느껴지는 와인을 마시고 싶을 때 시도해보세요.

향
체리, 자두, 삼나무,
제비꽃, 허브류

맛
살짝 까끌한 타닌과
뛰어난 산미를 느낄 수 있습니다.
또한 미디엄을 약간 넘어서는
적당한 바디감을 가지고 있습니다.

어울리는 음식
파스타, 피자, 샤퀴트리

총평
General Review

'대중가요 같은 와인'

보통의 키안티 클라시코는 개성이 뚜렷하지만 '카스텔로 반피 키안티 클라시코'는 전 세계 대중을 겨냥해 만들어진 만큼, 누가 마셔도 두루두루 좋아할 스타일의 와인입니다.

서프리모 로쏘
Serprimo Rosso

이탈리아 와인을 접할 때 흔히 하는 오해가 있습니다. '토착 품종으로 만들어서 어렵다' '바디감이 너무 가볍다' '너무 시다' 등이 그렇습니다. 무수히 다양한 와인 스타일을 만들어내는 이탈리아 입장에서는 억울할 만한 오해입니다. 다양한 포도의 블렌딩과 바디감, 향, 맛 등을 가진 와인들도 많죠. 이를 '슈퍼 투스칸' 와인이라 하는데, 슈퍼 투스칸 와인은 높은 가격 때문에 자주 접하기에는 부담스러운 감이 있습니다. '서프리모'는 베이비 슈퍼 투스칸으로, 슈퍼 투스칸 와인보다 가격이 저렴하지만 맛이 좋아서 인기가 높습니다.

WINE INFO

생산국	이탈리아
생산지	토스카나
품종	메를로 40%, 카베르네 소비뇽 40%, 산지오베제 20%
적정 음용 온도	13~15℃
알코올 함량	13.5%
판매가격	2만 원대
구매처	와인 숍

❖ **Inside of Wine** ❖

관련 상식

이탈리아 토스카나 지역에서 와인을 만들 때, 높은
등급을 받기 위해서는 허용된 포도 품종으로만 와
인을 만들어야 합니다. 특히 토스카나 지역에서는
적포도 품종인 산지오베제를 사용하는 게 대표적
이었죠. 슈퍼 투스칸 와인은 토스카나 지역에서 다
른 품종의 포도들을 섞어 만든 와인을 말합니다. 전
통을 벗어나 새로운 시도를 하는 생산자들이 만들
어낸 결과죠. 그들은 카베르네 소비뇽이나 메를로
를 사용해 와인을 만들었습니다. 이 와인은 전 세계
적으로 인기를 끌었고, 토스카나에서 엄청난 와인
이 나왔다고 소문이 나면서 슈퍼 투스칸이라는 별
명이 생겨난 것입니다.

언제 마실까?

서프리모의 경우 다른 레드 와인보다 음용 온도가
낮아서 더운 날씨에도 즐기기 좋은 와인입니다. 무
더위가 가시지 않은 한여름 밤에 시도해보세요.

향
삼나무, 가죽, 블랙베리류

맛
미디엄 정도의 타닌과
깊은 과실 향을 느낄 수 있습니다.

어울리는 음식
파스타, 피자, 샤퀴트리

총평
*General
Review*

'베이비 슈퍼 투스칸'

슈퍼 투스칸 스타일의 와인들은 보통 수십만 원에 달하는 고가의 와인입니다.
서프리모는 슈퍼 투스칸 스타일의 와인을 2만 원대로 즐길 수 있게 해주니 가
성비 좋은, 말 그대로 '베이비 슈퍼 투스칸'이라 할 수 있습니다.

폰테루톨리 키안티 클라시코
Fonterutoli Chianti Classico

'폰테루톨리 키안티 클라시코'를 생산하는 마쩨이 가문은 1435년부터 25대에 걸쳐 6세기가 넘는 기간 동안 와인을 생산해온 토스카나 지역의 유서 깊은 이탈리아 와인 명가입니다. 또한, 키안티의 원조라고도 할 수 있어 키안티의 아버지라 불리기도 합니다. 기나긴 역사를 가지고 있지만, 전통에 얽매이지 않고 클래식과 모던이 공존하는 합리적인 와인을 만드는 곳입니다. 어떤 라인업도 모자람이 없습니다. 그뿐 아니라, 이탈리아에서 발행되는 와인 전문 미디어 〈감베로 로쏘〉에서 서른한 차례나 만점을, 미국의 〈와인 스펙테이터〉에서는 총 일흔 번에 걸쳐 90점 이상의 평가를 받았을 정도로 인정받는 와인입니다.

WINE INFO

생산국	이탈리아
생산지	토스카나
품종	산지오베제 90%, 말바시아 네라/콜로리노/메를로 10%
적정 음용 온도	15~17℃
알코올 함량	13.5%
판매가격	4만 원대
구매처	와인 숍

❖ **Inside of Wine** ❖

관련 상식

전 세계에는 수많은 키안티 클라시코가 존재합니다. 그러니 모두 맛을 보는 것도 쉽지 않죠. 이럴 때 맛보지 않고 와인을 고르는 팁이 하나 있다면, 바로 생산자를 확인하는 겁니다. 와인에는 생산자'발'이라는 게 존재하는데, 이는 절대 무시할 수 없는 키 포인트가 됩니다. 그런데 하물며 키안티 클라시코의 원조라면 꼭 한번 마셔봐야겠죠? '폰테루톨리'를 기억해두세요.

언제 마실까?

조금 더 힘 있는 산지오베제를 마시고 싶을 때 시도해보세요.

향

제비꽃, 정향, 자두, 흑연,
삼나무, 바닐라, 가죽

맛

타닌의 양이 많고 부드러우며
두툼한 질감이 와인을
더욱 풍성하게 만들어줍니다.
산미의 밸런스가 뛰어나고
입안에서의 밸런스도
잘 잡혀있습니다.

어울리는 음식

파스타, 버섯, 샤퀴트리,
마스카포네 치즈

총평
*General
Review*

'키안티의 아버지'

600여 년의 전통 속에서 한결같이 좋은 와인을 만들며 '키안티'라는 단어를 최초로 만들어낸 가문의 와인입니다. 어찌 맛보지 않을 수 있을까요.

카르피네토, 키안티 클라시코
Carpineto, Chianti Classic

'카르피네토' 와이너리는 1967년 시작된 와이너리로, 이탈리아 100대 와인 생산자에 들어갈 정도로 유명한 와이너리입니다. 비교적 짧은 역사를 가지고 있지만, 꾸준한 투자와 연구로 현재는 전 세계인의 사랑을 독차지하고 있습니다. 카르피네토 와이너리의 특징은 장기 숙성이 가능한 와인을 만든다는 것입니다. 이들의 키안티 클라시코는 영 빈티지(출시한 지 2~3년 된 와인)를 마셔도 좋지만 추가로 숙성이 가능해, 시간이 지나며 변화하는 다양한 맛과 향을 느낄 수 있습니다.

WINE INFO

생산국	이탈리아
생산지	토스카나
품종	산지오베제 80%, 카나이올로 20%
적정 음용 온도	15~17℃
알코올 함량	13%
판매가격	4만 원대
구매처	와인 숍, 백화점 와인 코너

— ❖ **Inside of Wine** ❖ —

관련 상식

와인은 움직임 없이 일정 온도로 유지되는 곳에서 보관해야만 숙성이 오래되고 긍정적인 방향으로 이뤄집니다. 그래서 와인을 숙성하기 위해서는 와인 셀러가 필수적이죠. 특히 사계절이 뚜렷해 시기마다 온도 변화가 많은 한국에서는 더욱더 와인 셀러가 필요합니다. 와인 셀러에 '카르피네토'를 넣어두면 더 다양한 맛과 향을 느낄 수 있을 겁니다.

언제 마실까?

이탈리아 음식점에서 한 가지 와인으로만 모든 코스를 해결하고 싶을 때 시도해보세요.

향

가죽, 자두, 체리, 베리류

맛

시간이 갈수록 타닌이 촘촘해지고 부드러워집니다. 처음 맛볼 때 도드라지던 산미도 어느새 부드러워지고 모든 맛이 조화로워집니다.

어울리는 음식

트러플, 스테이크, 살라미

'숨 쉴수록 맛있어지는 와인'

와인은 어느 정도의 시간이 필요합니다. 오픈하자마자 자신의 퍼포먼스를 모두 보여주는 와인은 무척 드물죠. 적게는 30분, 길게는 2~3시간 후에 정점에 다다르는 와인들도 있습니다. '카르피네토'는 1시간이면 딱 알맞습니다.

도멘 그로 프레레 에 쇨, 부르고뉴 오 코트 드 뉘 루즈

Domaine Gros Frère et Soeur, Bourgogne Hautes Cotes de Nuits Rouge

프랑스 부르고뉴 지역의 와인을 고를 때는 다른 와인을 고를 때보다 더욱 신중해집니다. 가장 저렴한 와인을 고르더라도 최소 4만 원이 넘어가기 때문이죠. '그로'는 부르고뉴 지역을 대표하는 가문으로 매해 뛰어난 품질의 와인을 생산하고 있습니다. 생산자마다 와인을 만드는 방향이 정해져 있는데, 그로는 늘 포도 품종 중에 가장 이해하기 어렵고 섬세한 피노 누아를 대중적으로 해석해서 많은 사람에게 사랑받고 있습니다.

WINE INFO

생산국	프랑스
생산지	부르고뉴
품종	피노 누아 100%
적정 음용 온도	14~16℃
알코올 함량	14%
판매가격	6만 원대
구매처	와인 숍

❖ **Inside of Wine** ❖

관련 상식

'도멘 그로 프레레 에 쉘' 와인을 구하기 어렵다면 아래 다른 생산자들을 참고해주세요. 모두 '그로' 가문의 가족이 만드는 와인이거든요.

'도멘 A.F. 그로(Domaine A.F. Gros)'
'도멘 앤 그로(Domaine Anne Gros)'
'도멘 미셸 그로 (Domaine Michel Gros)'

누가 만들었는지가 가장 중요하다는 부르고뉴 지역 와인을 고를 때 이것만 기억하세요. 'Gros'가 써있는 와인은 맛있다!

언제 마실까?

피노 누아를 실패 없이 마시고 싶다면 꼭 시도해 보세요.

향

체리, 딸기, 붉은 꽃, 흙

맛

물처럼 느껴질 정도의
아주 가벼운 바디감과
상쾌한 산미를 가지고 있습니다.
처음에는 너무 싱겁다고
느낄 수 있지만, 마시다 보면
자꾸 생각나는 와인입니다.

어울리는 음식

연어 초밥, 참치, 갈비찜

총평
General Review

'와인계의 평양냉면'

처음 맛보았을 때는 '이거 뭐지? 싱겁고 밋밋해'라고 생각할 수 있지만, 다 마신 후에는 자다가도 생각나는 와인입니다.

아타 랑기, 마틴보로 피노 누아

Ata Rangi, Martinborough Pinot Noir

뒤늦게 와인 시장에 뛰어든 신대륙(아메리카 대륙과 호주, 뉴질랜드)은 와인의 원조 격인 구대륙을 벤치마킹하곤 합니다. 포도 묘목도 구대륙에서 들여오는 경우가 많죠. '아타 랑기, 피노 누아'는 포도 묘목을 프랑스 부르고뉴 지역에서 가져왔는데, 그 묘목이 무려 부르고뉴 최고의 와인으로 꼽히는 '도멘 드 라 로마네 콩티(시중가 약 2,000~3,000만 원)'를 만드는 포도의 묘목이랍니다. 우리나라의 문익점처럼 묘목을 장화에 훔쳐서 들어왔다는 이야기가 전해지고 있답니다. 최고의 피노 누아를 만드는 묘목으로 만들어진 와인인 만큼 뉴질랜드 피노 누아 중에서도 최고의 피노 누아라고 할 수 있습니다.

WINE INFO

생산국	뉴질랜드
생산지	마틴보로
품종	피노 누아 100%
적정 음용 온도	14~16℃
알코올 함량	13.5%
판매가격	10만 원대
구매처	와인 숍

— ❖ **Inside of Wine** ❖ —

관련 상식

뉴질랜드는 서늘한 기후 덕분에 소비뇨 블랑(화이트
와인)과 피노 누아(레드 와인) 품종이 유명합니다. 그
중 피노 누아는 아직 인기가 덜한 탓에 가격 거품이
적은 곳이기도 합니다. '아직은' 가성비가 좋다는 말
이죠. 뉴질랜드 피노 누아는 프랑스 부르고뉴 지역
피노 누아의 섬세함과 미국 피노 누아의 힘을 적절
히 버무려놓은 듯합니다.

언제 마실까?

프랑스 부르고뉴 지역의 피노 누아는 아직 나에게
너무 밋밋하고 심심하다고 느낄 때 시도해보세요.

향

붉은 자두, 체리, 삼나무, 정향

맛

부드러운 타닌과 아주 견고한
산미를 느낄 수 있습니다.
미디엄 바디지만 힘이 있습니다.

어울리는 음식

연어 초밥, 참치, 스테이크

총평
General Review

'뉴질랜드 피노 누아의 대부'

뉴질랜드 피노 누아는 여전히 저평가되고 있지만, '아타 랑기'만큼은 예외인
듯합니다. 로마네 콩티의 묘목을 가져왔다는 이야기도 한몫하지만, 와인 자체
로만 보아도 뉴질랜드의 특성이 고스란히 나타나고 있죠. 뉴질랜드 피노 누아
의 격을 한 단계 높여준 와인입니다.

알렉스 감발, 본 로마네

Alex Gambal, Vosne Romanee

'알렉스 감발'은 1990년대에 시작된 와이너리로, 다른 와이너리에 비해 그 역사가 짧은 편이지만 뛰어난 와인을 만들고 있는 곳입니다. 알렉스 감발이 위치한 로마네는 프랑스 부르고뉴 지역에서 최고급 와인이 생산되는 마을이기도 합니다. 세계에서 가장 비싼 와인으로 꼽히는 '로마네 콩티'도 바로 이 로마네 마을 안에 위치한 포도밭 이름입니다.

WINE INFO

생산국	프랑스
생산지	부르고뉴
품종	피노 누아 100%
적정 음용 온도	14~16℃
알코올 함량	13%
판매가격	10만 원대
구매처	와인 숍

❖ **Inside of Wine** ❖

관련 상식

'로마네에서는 평범한 와인이 나오지 않는다'고 할 정도로 로마네는 프랑스 부르고뉴 고급 와인의 상징적인 마을입니다. '알렉스 감발, 본 로마네'는 남성적인 강건한 면과 화려하고 고혹적인 매력을 동시에 가진 와인입니다. '부르고뉴의 심장'으로 불리기도 하죠. 부르고뉴의 정수를 느끼고 싶다면 가장 첫 번째로 마셔봐야 할 와인입니다.

언제 마실까?

프랑스 부르고뉴 피노 누아의 정수를 느끼고 싶을 때 시도해보세요.

향
붉은 꽃, 체리, 팔각,
토스트, 과실

맛
거칠지 않은 견고한 타닌과
잘 가다듬어진 산미를
느낄 수 있습니다.
맛과 향이 아주 고급스럽게
잘 어우러져 있습니다.

어울리는 음식
오리, 참치, 스테이크, 연성 치즈

총평
*General
Review*

'피노 누아 치트키'

피노 누아는 등급 체계도 복잡하고 가격도 만만치 않아서 입문하기 어려운 품종이죠. 이것저것 마시면서 비싼 수업료를 내기보다는 한 방에 좋은 피노 누아를 만나는 것도 좋은 방법입니다. 그 한 방에 가장 적합한 피노 누아가 바로 이 '알렉스 감발, 본 로마네'입니다.

묵직한
화이트 와인

화이트 와인은 대개 레드 와인에 비해 훨씬 가볍다고 생각하는 경우가 많습니다. 하지만 화이트 와인도 품종이나 생산 지역에 따라서 레드 와인에 필적할 만한 묵직한 스타일이 있답니다. 레드 와인은 조금 부담스럽고, 화이트 와인은 너무 가볍게 느껴진다면 좋은 대안이 될 거예요.

롱 반 샤르도네
Long Barn Chardonnay

와인은 크게 포도 품종 본연의 느낌을 살리느냐 또는 품종의 특징보다는 대중이 선호하는 스타일로 만드느냐로 나뉩니다. '롱 반'은 후자의 성격을 가진 와인으로, 포도 품종의 특징보다는 오크 숙성을 통해서 보다 친근하고 강한 향을 만들어 낸 와인입니다. 처음 화이트 와인을 접하면 신맛이 강하고 바디감도 너무 가벼워서 멀리하는 경향이 있죠. 하지만 '롱 반 샤르도네'는 다른 화이트 와인에 비해 묵직한 바디감과 낮은 산미 그리고 버터와 삼나무, 직관적인 바닐라 향을 지니고 있어 접근성이 좋은 와인입니다.

WINE INFO

생산국	미국
생산지	캘리포니아
품종	샤르도네 100%
적정 음용 온도	10~12℃
알코올 함량	13.5%
판매가격	1만 원대
구매처	와인 숍, 대형 마트

— ❖ **Inside of Wine** ❖ —

관련 상식

샤르도네 품종은 오크 숙성을 많이 하기로 유명합니다. 화이트 와인을 오크 숙성하면 바디감이 무거워지고 바닐라, 버터 등 새로운 향이 생겨나죠. 오크로 인해서 생겨나는 향들이 너무 강하면 호불호가 갈리기 마련입니다.

와인은 같은 품종, 같은 지역에서 만들더라도 각양각색의 특징을 가집니다. 오크 숙성을 거친 샤르도네와 오크 숙성을 하지 않은 샤르도네를 비교해 마시며 자기만의 취향을 찾는 것도 재미있는 포인트가 됩니다.

언제 마실까?

오크 숙성을 거친 샤르도네 품종을 저렴한 가격으로 느끼고 싶을 때 시도해보세요.

향

망고, 파인애플, 버터,
바닐라, 삼나무

맛

유질감*이 느껴지는 묵직한
바디감과 낮은 산미, 약간의
잔당감을 느낄 수 있습니다.

어울리는 음식

경성 치즈, 튀김류

* 유질감
기름처럼 부드러우면서도 묵직한 느낌.

총평
General Review

'MSG 같은 와인'

집밥은 자극적이지 않고 심심하지만, 다 먹고 나면 입안이 깔끔하죠? 반면 MSG가 들어간 음식은 먹을 때는 입에 잘 붙지만, 먹고 나서 입가심을 해야 할 것 같은 느낌이 듭니다. '롱 반 샤르도네'가 그렇습니다. 하지만 그만큼 맛이 직관적이며 강렬하고, 익숙한 느낌이 드는 와인입니다.

트림바크, 게뷔르츠트라미너

Trimbach, Gewurztraminer

'트림바크'는 1626년 와이너리를 시작해 프랑스 알자스 리슬링 와인의 맹주로 통하는 역사 깊은 가문으로, 프랑스 내 미쉐린 가이드 3스타 레스토랑 와인 메뉴에 모두 올라가 있는 유일한 프랑스 와인 브랜드입니다. 게뷔르츠트라미너는 이름부터 너무 어려워서 손이 잘 안 가는 품종이지만, 시도하는 순간 '아, 화이트 와인이 이렇게나 묵직하고 독특한 향을 가지고 있구나'라고 깨닫게 됩니다. 화려함의 극치를 느낄 수 있는 품종이랍니다.

WINE INFO

생산국	프랑스
생산지	알자스
품종	게뷔르츠트라미너 100%
적정 음용 온도	8~10℃
알코올 함량	13.5%
판매가격	3만 원대
구매처	와인 숍, 대형 마트

—— ❖ **Inside of Wine** ❖ ——

관련 상식

게뷔르츠트라미너는 대개 달지 않은 드라이 스타일로 만들어집니다. '게뷔르츠(Gewurz)'는 '양념을 넣은, 향긋한'이라는 뜻을 가진 독일어로, 이름대로 향신료가 들어간 아시아 음식과 아주 좋은 궁합을 보여줍니다. 다양한 양조 방식으로 디저트 스타일의 와인까지 만들 수 있는 많은 매력을 지닌 품종입니다.

언제 마실까?

산도가 높지 않고 스파이시한 느낌으로, 아시안 음식과 페어링할 알맞은 와인이 필요할 때 시도해보세요.

향
리치, 흰 꽃, 생강,
청사과, 자몽

맛
달콤한 과실 향이 느껴지지만,
맛은 드라이한 편입니다.
약간의 유질감이 느껴지고
화이트 와인에서는 드물게
나타나는 스파이시함이
무게감을 더해줍니다.

어울리는 음식
파스타, 매콤한 스타일의 중식

총평
*General
Review*

'자극적인 화이트 와인'

꽃이 만개했을 때처럼 꽃 향이 강렬합니다. 아주 잘 익은 과실에서 맡을 법한 강렬한 과실 향도 느낄 수 있죠. 거기에 스파이시 캐릭터까지 갖춘, 모든 맛과 향이 강렬한 와인입니다.

켄달 잭슨,
빈트너스 리저브 샤르도네

Kendall Jackson, Vintner's Reserve Chardonnay

오바마 전 미국 대통령이 평소에 즐겨 마시며, 대중적으로도 유명해 미국의 국민 화이트 와인으로 알려진 와인입니다. 팝 가수 레이디 가가 또한 공연 때 '켄달 잭슨 샤르도네'를 제공하라고 계약서에 쓸 정도로 즐겨 마신다고 합니다. 워낙 유명한 탓에 대중들뿐만 아니라 셀럽들까지도 '켄달 잭슨'을 찾고 있습니다. 미국에서 26년간 가장 많이 판매된 화이트 와인이기도 합니다.

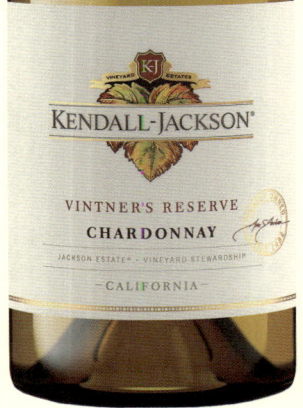

WINE INFO

생산국	미국
생산지	캘리포니아
품종	샤르도네 100%
적정 음용 온도	10~12℃
알코올 함량	13.5%
판매가격	3만 원대
구매처	와인 숍, 대형 마트, 와인 아웃렛

— ❖ **Inside of Wine** ❖ —

관련 상식

'켄달 잭슨 샤르도네'는 화이트 와인이 가진 가볍고 산도가 높다는 선입견과 달리 묵직한 바디감과 부드러운 질감, 적절한 산미를 지니고 있어 초보자가 마시기에 아주 좋은 선택입니다. 이런 맛과 향이 나기까지는 적절한 오크 사용이 키포인트입니다. 오크 사용이 과해지면 와인이 느끼해져서 인위적인 느낌을 주게 되고 자칫 질리는 와인이 만들어질 수 있으니 주의가 필요합니다.

언제 마실까?

가벼운 화이트 와인 위주로 마시는 지인에게 선물해보세요.

향
버터, 토스트, 시트러스, 멜론

맛
부드럽고 매끄러운 질감에
미디엄 바디를 약간 넘어서는
정도의 바디감을 느낄 수 있습니다.
또한 산미가 튀지 않고
입안에서 과실미가
강렬하게 퍼집니다.

어울리는 음식
훈제 연어, 파스타, 경성 치즈

총평
*General
Review*

'셀럽의 화이트 와인'

유명 인사일수록 고가의 와인을 선택하기 마련인데, '켄달 잭슨'은 저가 와인임에도 미국 대통령과 최고의 팝 가수가 즐겨 마실 정도로 그 맛과 향이 뛰어납니다.

텐 에이커,
러시안 리버 밸리 샤르도네

Ten Acre, Russian River Valley Chardonnay

'텐 에이커'는 이름처럼 10에이커(약 12,000평)의 포도밭으로 시작해, 작은 면적에 집중하며 소량 생산하는 스몰 와이너리로 이름을 알린 와이너리입니다. 신생 와이너리인 만큼 양조 스타일이 대중적인데, 포도 품종의 특성도 살리면서 풍만함을 더하기 위해 화이트 와인에도 오크 숙성을 가미하고 있습니다. 그래서 와인 초보자가 다가가기에 좋은 와인이죠. 단기간에 엄청난 인기를 끌고 있는 와인이기도 합니다.

WINE INFO

생산국	미국
생산지	러시안 리버 밸리
품종	샤르도네 100%
적정 음용 온도	10~12℃
알코올 함량	14.3%
판매가격	3만 원대
구매처	와인 숍

---------------- ❖ **Inside of Wine** ❖ ----------------

관련 상식

미국 화이트 와인 중 샤르도네 품종을 사용한 경우,
대부분이 오크 숙성을 거칩니다. 이때 새 오크와 사
용한 오크의 비율 또는 오크 통의 원산지 등을 고려
해서 다양한 스타일로 만들어집니다.

언제 마실까?

음식 없이 와인만 오롯이 즐기고 싶을 때 시도해보
세요. 음식 없이도 '텐 에이커, 러시안 리버 밸리 샤
르도네' 단독으로도 충분히 맛과 향을 즐길 수 있
습니다.

향

파인애플, 시트러스,
바닐라, 연유

맛

볼드한 질감과 적절한 산미,
미디엄 투 풀의
바디감을 느낄 수 있습니다.

어울리는 음식

닭고기, 돼지고기, 경성 치즈

총평
General Review

'새하얀 볼륨감'

부드러운 질감과 과실 향이 주는 풍성한 볼륨감, 그리고 적절한 오크 숙성으
로 유질감이 느껴지는 풍부한 바디감을 지니고 있습니다. 와인 초보자의 첫
화이트 와인으로 추천합니다.

산디, 산타 리타 힐즈 샤르도네
Sandhi, Santa Rita Hills Chardonnay

'산디'는 와이너리의 역사가 짧지만, 미국에서 가장 유명한 와인들 중 하나인 '스크리밍 이글(Screaming Eagle, 미국에서 가장 비싼 와인)'의 전 오너 사시 무어맨과 찰리스 뱅크스가 합작해 설립한 와이너리입니다. 보통 미국 와인은 대중성을 중요시하는데, 산디는 최고급 화이트 와인의 생산지인 프랑스 부르고뉴 지역을 벤치마킹하고 있습니다. 기존의 미국 와인들이 오크 숙성을 강조하며 고급스럽고 묵직한 스타일로 만든다면, 산디는 테루아에 집중하고 포도 본연의 과실 향을 강조하는 스타일로 와인을 만들어내고 있습니다.

WINE INFO

생산국	미국
생산지	산타 바바라
품종	샤르도네 100%
적정 음용 온도	10~12℃
알코올 함량	12.5%
판매가격	6만 원대
구매처	와인 숍

─────── ❖ **Inside of Wine** ❖ ───────

관련 상식

와인도 기호 식품이기 때문에 같은 지역에서 만들
거나, 같은 품종으로 만들었더라도 생산자의 의도
에 따라 확연히 다른 스타일로 만들어집니다. '산
타 리타'의 경우, 생산자의 의도가 클래식에 가깝
고 오크 숙성보다는 포도 열매 자체에 집중하는 스
타일입니다.

언제 마실까?

전형적인 미국 스타일의 볼드한 화이트 와인보다는
과실 향과 미네랄이 있는 테루아가 강조된 스타일
의 와인을 마시고 싶을 때 시도해보세요.

향

복숭아, 살구, 시트러스,
스카치 캔디, 흰 꽃

맛

약간의 유질감이 느껴지는
텍스처와 두툼한 바디감을
느낄 수 있습니다.
웰메이드 샤르도네의
전형이라고 할 수 있습니다.

어울리는 음식

닭고기, 돼지고기, 경성 치즈

총평
General Review

'부르고뉴와 미국의 합작'

프랑스 부르고뉴의 섬세함과 복잡한 향을 지니면서도 미국 스타일의 힘과 발
향이 아주 뛰어난 와인입니다.

벤자민 르루, 뫼르소
Benjamin Leroux, Meursault

프랑스 브루고뉴 지역은 최고의 와인을 만들어내는 생산지입니다. 그중 뫼르소는 부르고뉴 지역에서도 특히 화이트 와인을 생산하는 곳으로 유명하죠. 뫼르소의 와인은 고급스러운 꽃 향과 다양한 과실 향이 주를 이루면서도 이곳만이 갖는 깨를 볶는 듯한 고소한 향이 아주 매력적입니다. '벤자민 르루'는 여러 가지 좋은 와인을 만들지만, 특히나 웰메이드 뫼르소 와인을 만드는 걸로 유명한 생산자입니다.

WINE INFO

생산국	프랑스
생산지	부르고뉴
품종	샤르도네 100%
적정 음용 온도	11~13℃
알코올 함량	13%
판매가격	10만 원대
구매처	와인 숍

——— ❖ **Inside of Wine** ❖ ———

관련 상식

프랑스 부르고뉴 지역 내 화이트 와인을 만드는 마을 중에서 뫼르소는 특급 포도밭인 '그랑 크뤼'가 없는 마을임에도 부르고뉴를 대표하는 생산지로 유명합니다. 이곳에서 만들어진 와인은 아주 고소한 깨 볶는 향이 특징인데, 화이트 와인 중에서도 조금 더 고급스럽고 풍만한 화이트 와인을 원한다면 '벤자민 르루, 뫼르소'를 시도해보세요.

언제 마실까?

고급 부르고뉴 화이트 와인을 시도할 때 마신다면 실패가 없습니다.

향

밀랍, 흰 꽃, 시트러스, 꿀,
견과류, 레몬, 라임

맛

깔끔하고 가벼운 질감과
아찔한 산미를 가지고 있습니다.
미디엄 투 풀의 바디감을
느낄 수 있습니다.

어울리는 음식

참치, 연어, 돼지고기

총평
*General
Review*

'깨 볶아요'

뫼르소의 특징인 고소한 깨 볶는 향이 너무 과하지 않고, 산미와 다양한 과실 향이 어우러져 뛰어난 밸런스를 보여줍니다.

파밀리아 마로네,
랑게 샤르도네 메문디스

Famiglia Marrone, Langhe Chardonnay Memundis

'파밀리아 마로네'는 친환경 농법으로 지속 가능한 와인만을 만든다는 슬로건을 내세우고 있는 와이너리입니다. 가성비 좋은 와인인 바롤로와 바르바레스코 등이 있지만, 주목해야 할 와인이 한 가지 더 있습니다. 바로 '랑게 샤르도네 메문디스'입니다. 생산량을 낮춰서 와인의 질을 높이고 일일이 손 수확을 거친 뛰어난 포도만을 이용해서 와인을 만드는데, 거기에 적절한 오크 숙성을 통해 풍성함까지 더합니다. 이탈리아 랑게에서 만든 샤르도네라고는 믿기지 않을 만큼 뛰어난 와인이죠.

WINE INFO

생산국	이탈리아
생산지	피에몬테
품종	샤르도네 100%
적정 음용 온도	11~13℃
알코올 함량	14%
판매가격	5만 원대
구매처	와인 숍, 백화점 와인 코너

❖ **Inside of Wine** ❖

관련 상식

이탈리아 피에몬테 지역은 네비올로라는 품종으로 바롤로와 바르바레스코 와인을 만드는 프리미엄 생산지입니다. 하지만 그 외에도 잘 알려지지 않은 와인들이 생산되는 곳이기도 합니다. 오크 숙성을 거친 샤르도네뿐 아니라 오크 숙성을 거치지 않은 깔끔한 스타일로 만들어진 양질의 샤르도네도 생산하고 있죠.

언제 마실까?

기존 와인 애호가들에게 블라인드 테스트를 시키면 아마도 엄청 높은 가격을 말할 거예요. 깜짝 놀라게 하기 좋은 와인입니다.

향

바닐라, 버터, 시트러스, 열대 과일

맛

비주류 지역 출신이라는 게 믿기지 않을 정도로 뛰어난 와인 퀄리티를 자랑합니다. 진한 풍미와 바디감, 산미의 밸런스가 주는 조화는 가격을 상회하는 만족감을 줍니다.

어울리는 음식

참치, 연어, 돼지고기

총평
General Review

'최고의 가성비'

와인 애호가가 아닌 이상 5만 원대에서 가성비를 논하기 어렵지만, 와인을 마시는 순간 10만 원대에 육박하는 프리미엄 와인의 퀄리티를 느낄 수 있습니다.

말도나도, 파 빈야드, 샤르도네
Maldonado, Parr Vineyard, Chardonnay

'말도나도'는 미국 최고의 화이트 와인이라 불리는 '콩스가르드(Kongsgaard)'의 양조 방법을 그대로 물려받아 오크 통도 콩스가르드의 오크 통을 사용하는 유일한 와이너리입니다. 유명 와이너리들은 양조법을 절대 공유하지 않고 오크 통 또한 반출시키지 않는 것으로 유명한데, 콩스가르드는 말도나도에 양조법뿐 아니라 오크 통까지도 공유하고 있습니다.

WINE INFO

생산국	미국
생산지	소노마 카운티
품종	샤르도네 100%
적정 음용 온도	10~12℃
알코올 함량	14.6%
판매가격	7만 원대
구매처	와인 숍, 와인 아웃렛

❖ **Inside of Wine** ❖

관련 상식

와인은 양조 방식이 무척 중요하기 때문에 포도 재배 방법부터 발효 기간, 발효 기술, 효모 사용까지 제조에 필요한 자세한 부분은 절대 외부에 노출하지 않습니다. 돈을 지불하면 아주 좋은 오크 통을 구매해서 사용할 수는 있지만, 콩스가르드의 고급 와인을 숙성한 오크 통을 사용할 수 있다는 건 크나큰 행운입니다.

언제 마실까?

고급 화이트 와인을 단독으로 오롯이 즐기고 싶을 때 시도해보세요.

향

레몬, 시트러스, 브리오슈, 바닐라

맛

미국 와인이라고 믿기지 않는
산미와 고급스러움이
그대로 묻어납니다.
밸런스란 이런 것이라고
보여주는 웰메이드 와인입니다.

어울리는 음식

오리, 초밥, 경성 치즈

총평
General Review

'베이비 콩스가르드'

콩스가르드는 미국 현지에서도 50만 원에 육박하는 최고급 화이트 와인을 생산하고 있습니다. 말도나도는 이런 콩스가르드의 양조 비법은 물론, 오크 통까지 물려받아서 사용할 정도로 비슷한 면을 많이 가지고 있습니다.

가벼운
화이트 와인

대부분의 화이트 와인은 그 맑고 투명한 빛깔만큼이나 상큼하고 가벼우면서도 산뜻하죠. 화이트 와인이 가진 본연의 느낌을 알고 싶다면, 부담 없이 가벼운 화이트 와인으로 시작해보세요. 와인을 잘 몰라도 어렵게 느껴지지 않을 거예요.

쿵 푸 걸 리슬링
Kung Fu Girl Riesling

미국 최대의 와인 잡지 〈와인 스펙테이터〉로부터 높은 점수를 받고 있는 '찰스 스미스 와인즈' 와이너리는 대중성 있는 와인을 만드는 곳입니다. 조금은 익살스럽고 괴짜스러운 찰스 스미스는 어느 날 배달 음식으로 중식을 먹다가 '아! 이런 스타일의 와인을 만들면 정말 잘 어울리겠다!'라고 떠올린 와인이 있다고 합니다. 그게 바로 '쿵 푸 걸 리슬링'입니다. 생산자가 원했던 것처럼 중국 음식과 함께 하기 좋은 스타일의 와인입니다.

WINE INFO

생산국	미국
생산지	컬럼비아 밸리
품종	리슬링 100%
적정 음용 온도	10~12℃
알코올 함량	12.5%
판매가격	1만 원대
구매처	코스트코

❖ **Inside of Wine** ❖

관련 상식

리슬링이라는 품종은 마치 휘발유 같은 향의 가솔린 아로마가 가장 큰 특징인데, '쿵 푸 걸 리슬링'에서는 많이 느껴지지 않습니다. 가솔린 아로마는 리슬링의 고유 특성이지만 호불호가 강한 향이라, 다른 과실 향을 강조해서 생산자의 방향을 고스란히 표현해냈습니다.

언제 마실까?

조금 더 대중적인 스타일의 리슬링을 원할 때 시도해보세요.

향

서양배, 사과, 복숭아, 미네랄

맛

가벼운 느낌의 바디감과
상큼한 산미가
어떤 면도 튀지 않아
마시기 한결 편합니다.

어울리는 음식

중식

총평
General Review

'반주'

'쿵 푸 걸 리슬링'은 음식으로부터 시작된 와인으로, 향신료가 강하거나 기름진 중식과 아주 좋은 궁합을 보여줍니다. 우리나라의 잡채나 전, 볶음밥과 같은 일상 음식과도 잘 어울리는 와인입니다.

무초 마스 화이트
Mucho Mas white

'무초 마스 화이트'의 생산자인 '펠릭스 솔릭스'는 스페인 내에서 와인 수출 1위를 차지하고 있는 대형 회사입니다. 가성비 좋은 중저가 와인을 주력으로 하고 있죠. 이렇게 대형 회사에서 만든 대량 생산 와인이라고 하면 무조건 와인 퀄리티가 떨어질 거라고 생각하는 경우가 많을 겁니다. 하지만 '무초 마스 화이트'는 중저가 와인임에도 퀄리티가 전혀 떨어지지 않습니다. 거대 자본을 투자해서 대량 생산으로 이렇게 좋은 와인을 만들 수 있다는 건, 소비자인 우리에게 행운과 같습니다.

WINE INFO

생산국	스페인
생산지	라만차
품종	베르데호 80%, 소비뇽 블랑 10%, 샤르도네 10%
적정 음용 온도	8~10℃
알코올 함량	12.5%
판매가격	2만 원대
구매처	와인 숍

— ❖ **Inside of Wine** ❖ —

관련 상식

스페인 라만차 지역은 저가의 와인들이 대량으로 생산되는 유명 산지입니다. 그렇기 때문에 라만차 지역에서 생산된 와인을 고를 때는 주의가 필요합니다. 이곳 와인의 대부분은 병에 담겨 있지 않은 벌크 와인으로 그럭저럭 마실 만한 와인들이 생산되지만, 가끔은 '무초 마스'처럼 보석 같은 와인이 생산된답니다.

언제 마실까?

지인들과의 모임에서 다양한 음식과 편하게 즐기고 싶을 때 시도해보세요.

향

구스베리, 복숭아, 아몬드

맛

아주 약간의 잔당감과 경쾌한 산미를 느낄 수 있습니다. 크리스피한 질감이 재미를 줍니다.

어울리는 음식

구운 생선, 파에야, 파스타

'반전의 와인'

와인 산지가 라만차라고 하면 인지도가 낮고 레이블마저 너무 심심해서 그냥 지나치기 일쑤입니다. 하지만 이 와인을 마셔본다면 영수증의 가격부터 다시 확인하게 될 거예요.

러시안 잭 소비뇽 블랑
Russian Jack Sauvignon Blanc

포도 수확기가 되면 홀연히 나타나 포도 수확을 도왔다고 해서 '길 위의 신사'라 불리는 러시안 잭을 기리기 위해 '러시안 잭 소비뇽 블랑'이라는 이름이 지어졌다는 이야기가 있습니다. 이 와인은 최근 이슈가 된 와인으로, 와인 어플리케이션 '비비노'에서 평점 4.0점을 넘는 뛰어난 평가를 받고 있습니다. 두각을 나타내기 힘든 뉴질랜드 소비뇽 블랑 시장에서 좋은 주질을 유지해 독보적인 인기를 얻고 있습니다.

WINE INFO

생산국	뉴질랜드
생산지	말보로
품종	소비뇽 블랑 100%
적정 음용 온도	8~10℃
알코올 함량	13%
판매가격	2만 원대
구매처	와인 숍

— ❖ **Inside of Wine** ❖ —

관련 상식

뉴질랜드산 소비뇽 블랑은 '맛없는 것을 찾기가 더
어렵다'는 말이 있을 정도로, 평균 주질이 뛰어납
니다. 하지만 풀 향과 찌르는 산미 때문에 초보자
들이 쉽게 다가가기에는 어려웠죠. 그래서 풀 향보
다는 열대 과일 향을 강조하고 산미를 부드럽게 만
들어 더 많은 대중에게 사랑받으려 노력 중입니다.

언제 마실까?

가격적으로 부담 없는 화이트 와인을 마시고 싶을
때 시도해보세요.

향
풀, 레몬, 패션 프루트,
망고, 파인애플

맛
날카롭지 않은 산미와
적절히 부드러운 질감을
지니고 있어 접근성이 좋습니다.

어울리는 음식
흰살 생선, 굴, 초밥

총평
*General
Review*

'국민 소비뇽 블랑?'

'러시안 잭'은 최근 3년간 와인 애호가들에게 엄청난 선택을 받으며 화이트 와
인계의 다크호스로 떠올랐습니다. 특히 친근한 이름과 이해하기 쉬운 와인 레
이블은 '인싸' 소비뇽 블랑이 되기에 충분하죠.

기센, 말보로 소비뇽 블랑
Giesen, Marlborough Sauvignon Blanc

뉴질랜드에서 생산된 '기센, 말보로 소비뇽 블랑'은 바로 옆 나라 호주 판매량이 매해 상위권을 차지할 정도로 사랑받는 소비뇽 블랑 와인입니다. 이미 인기가 많은 와인이지만, 여기에 머무르지 않고 트렌드를 놓치지 않으며 더 발전하고 있습니다. 그중 하나가 바로 유기농 비료만을 사용해 지속 가능한 농법 인증을 받은 것입니다. 이미 잘 나가는 와인이 노력을 멈추지 않고 비건 인증까지 완료해, 이제는 인기 '비건' 와인이라고도 할 수 있습니다.

WINE INFO

생산국	뉴질랜드
생산지	말보로
품종	소비뇽 블랑 100%
적정 음용 온도	8~10℃
알코올 함량	13%
판매가격	2만 원대
구매처	와인 숍

—————————— ❖ **Inside of Wine** ❖ ——————————

관련 상식

뉴질랜드에서 만든 소비뇽 블랑은 전 세계로 수출
되지만, 특히 호주에서의 소비량이 높은 편입니다.
뉴질랜드와 가까운 만큼 다양한 소비뇽 블랑의 선
택지가 있는 호주에서 TOP 3에 들어간다는 건 와
인의 질이 그만큼 높다는 반증입니다.

언제 마실까?

소비뇽 블랑은 그 산미와 향 때문에 여름과 가장 잘
어울리는 품종입니다. 이 와인은 보통의 화이트 와
인보다 조금 더 낮은 온도에서 마시면 좋으니, 더운
여름날 시도해보세요.

향

자몽, 라임, 시트러스, 허브,
아스파라거스, 열대 과일

맛

신선하고 짜릿한 산미와
가볍지 않은 질감,
차가운 과실 향에 깔끔하게
마무리되는 피니시까지
느낄 수 있습니다.

어울리는 음식

흰살 생선, 굴, 초밥

총평
General
Review

'클래식 소비뇽 블랑'

레몬, 라임, 패션 프루트 등 차가운 느낌의 과실 향과 채소, 허브류의 향이 지
배적이며 유행을 따르지 않고 클래식한 스타일의 소비뇽 블랑입니다.

스파이 밸리, 소비뇽 블랑

Spy Valley, Sauvignon Blanc

뉴질랜드의 스파이 밸리는 여러 국가의 암호 문서들이 오고 가는 위성 안테나가 설치된 곳이라 해서 이름이 그렇게 붙여졌습니다. '스파이 밸리, 소비뇽 블랑'은 이 지역에서 생산하기 때문에 와인 이름을 스파이 밸리로 지었습니다. 암호 문서들이 오고 간 지역의 특성을 살려 레이블에 호기심을 유발하는 독특한 모스 부호가 그려져 있습니다. 이 모스 부호를 해석하면 'For Wine Lovers(와인을 사랑하는 사람들을 위해)'라고 합니다.

WINE INFO

생산국	뉴질랜드
생산지	말보로
품종	소비뇽 블랑 100%
적정 음용 온도	8~10℃
알코올 함량	13.5%
판매가격	3만 원대
구매처	와인 숍, 백화점 와인 코너

—— ❖ **Inside of Wine** ❖ ——

관련 상식

뉴질랜드 소비뇽 블랑은 대부분 2만 원대에 포진돼
있습니다. 이는 품종의 한계점이라기보다 포커스가
대중에게 맞춰져 있기 때문입니다. 하지만 3~4만
원대의 고급 소비뇽 블랑도 만들어지고 있습니다.

언제 마실까?

조금 더 가다듬어진 고급스러운 소비뇽 블랑을 마
시고 싶을 때 시도해보세요.

향

망고, 자몽, 패션 프루트,
아스파라거스, 허브, 라임

맛

확실히 바디감이 뛰어나고
질감도 한층 부드럽습니다.
산미도 아주 적절히 굴려져
거부감이 없습니다.

어울리는 음식

흰살 생선, 샐러드, 갑각류

'친환경 와인'

농약의 사용을 극도로 절제할 뿐 아니라, 와인을 만드는 데 사용되는 모든
전기는 태양열 패널로 공급할 정도로 탄소 배출량을 철저하게 줄여 후대에
도 좋은 환경을 물려주기 위해 노력하는 와이너리에서 생산하는 와인입니다.

라 스피네타, 브리코 콸리아 모스카토 다스티

La Spinetta, Bricco Quaglia Moscato D'asti

'라 스피네타'는 주세페 리베티에 의해 1960년대에 설립됐습니다. 현재는 바롤로 와인으로 가장 잘 알려져 있지만, 라 스피네타를 알린 와인은 다름 아닌 모스카토였습니다. 대중적인 단맛을 가진 와인이었던 모스카토 다스티를 품질이 뛰어난 단일 포도밭에서 생산한 모스카토를 사용해 고급 와인으로 만들어냈죠. '라 스피네타, 브리코 콸리아 모스카토 다스티' 역시 중저가의 가격에 비해 뛰어난 맛을 자랑합니다.

WINE INFO

생산국	이탈리아
생산지	아스티
품종	모스카토 100%
적정 음용 온도	8~10℃
알코올 함량	4.5%
판매가격	3만 원대
구매처	와인 숍, 백화점 와인 코너

— ❖ **Inside of Wine** ❖ —

관련 상식

보통 1만 원대의 모스카토 다스티를 많이 보셨을 거예요. '라 스피네타, 브리코 콸리아 모스카토 다스티'는 그에 비해 비싼 3만 원대이지만, 모스카토 3대장(전 세계 TOP 3 모스카토)이라는 명성에 걸맞은 아주 뛰어난 맛을 지녔습니다.

언제 마실까?

연인과 데이트할 때 달콤한 것이 필요하죠. 달콤하면서도 적당히 취기를 얻을 수 있는 와인이니, 달콤함이 필요한 순간에 시도해보세요.

향

청사과, 청포도, 꿀, 흰 꽃, 망고

맛

달콤한 뉘앙스에
자글자글한 스파클링,
그리고 견고한 산미가
뒤를 받쳐주기 때문에
디저트 와인임에도
밸런스가 좋습니다.

어울리는 음식

케이크, 과일

총평
General Review

'작업의 정석'

이성을 만날 때 달콤한 맛을 느끼면 의사 결정을 할 때 관대해진다고 합니다. 호감이 가는 이성을 만났을 때 모스카토 다스티를 마셔보는 건 어떨까요.

발타자르 레스, 하텐하임 쉬첸하우스 리슬링 카비넷

Balthasar Ress, Hattenheim Schützenhaus Riesling Kabinett

1870년 설립된 '발타자르 레스'는 5대째 운영되고 있는 전통 깊은 생산자입니다. 1989년에는 독일의 와인 생산자 중에서도 스페셜 리스트만이 가입할 수 있다는 'VDP(우수 독일 와인 협회)' 클럽에 가입했습니다. 독일은 등급 체계가 아주 복잡해서 소비자들이 와인을 고를 때 어려움이 많이 따릅니다. 발타자르 레스의 경우 품질을 보증받을 수 있는 VDP 클럽에 소속돼있어 믿고 마실 수 있습니다.

WINE INFO

생산국	독일
생산지	라인가우
품종	리슬링 100%
적정 음용 온도	10~12℃
알코올 함량	7.5%
판매가격	4만 원대
구매처	와인 숍

❖ **Inside of Wine** ❖

관련 상식

독일은 서늘한 기후를 지니고 있어 포도가 충분히
익기 어려운 조건입니다. 그래서 당도로 등급을 나
누는데, 와인이 달콤할수록 등급이 높아집니다. 카
비넷의 경우 당도가 거의 없어 아래 등급*에 속합
니다.

* 카비넷<슈페트레제<아우스레제 순서로 당도가 높아집니다.

언제 마실까?

카비넷 등급의 경우, 생산자마다 잔당감의 느낌이
다른데 아주 약간의 잔당감을 내포하고 있어서 초
보자들이 편히 접하고 싶을 때 시도하기 좋습니다.

향
사과, 복숭아, 꿀,
서양배, 가솔린

맛
뛰어난 산미와 미네랄,
아주 약간의 기포감이
상쾌함을 더해줍니다.

어울리는 음식
볶음밥, 닭고기, 돼지고기,
소시지, 전

총평
*General
Review*

'1등급 리슬링'

와인 이름이 워낙 어려워 이해하기 어렵지만 1등급을 부여받은 밭에서 재배
된 포도만 100% 사용한다는 것, 이것 하나만 기억하면 됩니다.

자이언트 스텝스, 야라 밸리 샤르도네
Giant Steps, Yarra Valley Chardonnay

'자이언트 스텝스'는 2003년 시작된 신생 와이너리로, 2008년부터 호주 최고의 화이트 와인을 생산하는 르윈 에스테이트 출신 수석 와인 메이커 스티브 플램스티드에게 양조를 맡겼습니다. 이때부터 와인의 명성이 높아지기 시작했는데, 해외 와인 평론 기관에서 매년 고득점을 받고 있습니다. 호주에서는 드물게 싱글 빈야드 와인을 출시하고 있습니다.

WINE INFO

생산국	호주
생산지	야라 밸리
품종	샤르도네 100%
적정 음용 온도	11~13℃
알코올 함량	13%
판매가격	4만 원대
구매처	와인 숍

❖ **Inside of Wine** ❖

관련 상식

호주 야라 밸리 지역에서는 아주 뛰어난 화이트 와인이 생산되고 있습니다. 그중에서도 자이언트 스텝스 와이너리는 이 지역을 대표하는 생산자로 자리매김했습니다. 호주에서 생산된 화이트 와인을 실패 없이 마시고 싶다면 야라 밸리 지역에서 생산된 와인을 골라보세요.

언제 마실까?

오크 뉘앙스가 없는 깔끔한 샤르도네를 마시고 싶을 때 시도해보세요.

향

감귤, 복숭아, 멜론,
사과, 무화과

맛

부드럽고 육중한 질감과
밸런스를 이루는 뛰어난 산미,
과실 향이 강조돼
음식과 매칭하기 좋습니다.

어울리는 음식

닭고기, 돼지고기, 그린 올리브

총평
General Review

'모범생'

와인 평가에서 늘 고득점을 받으며 상장과 메달 등 좋은 건 다 받아내는 모범생 같은 와인입니다.

클라우디 베이, 소비뇽 블랑
Cloudy Bay, Sauvignon Blanc

뉴질랜드 소비뇽 블랑으로는 아주 드물게 '죽기 전에 마셔야 할 1,001가지 와인 목록'에 오른 와인입니다. 뉴질랜드 소비뇽 블랑을 글로벌 스타로 만든 계기가 된 와인이기도 합니다. 자신들이 관리하는 포도밭에서 나는 포도 외에 많은 양의 포도를 전문 재배자로부터 사오고 있습니다. 최상급 포도가 아니면 절대 타협하지 않는, 원재료를 가장 중요하게 생각하는 마인드를 알 수 있죠. 물론 양조 방법도 중요하지만 가장 기본적인 것에 중점을 두는, 소비뇽 블랑의 근본이라 할 수 있습니다.

WINE INFO

생산국	뉴질랜드
생산지	말보로
품종	소비뇽 블랑 100%
적정 음용 온도	10~12℃
알코올 함량	13.5%
판매가격	5만 원대
구매처	와인 숍, 대형 마트, 와인 아웃렛, 백화점 와인 코너

— ❖ **Inside of Wine** ❖ —

관련 상식

클라우디 베이는 와인 글로벌 기업인 '모에 헤네시' 소속으로 막대한 자본을 이용해 프리미엄 소비뇽 블랑을 생산하고 있습니다. 전 세계에서 가장 유명한 소비뇽 블랑이라고 할 수 있습니다.

언제 마실까?

특별한 날 좋은 사람들과 함께 좋은 와인을 나누고 싶을 때 시도해보세요.

향

시트러스, 자몽, 아스파라거스,
오레가노, 구스베리

맛

그 어떤 소비뇽 블랑보다
우아한 질감과 흉내 낼 수 없는
적절한 산미를 가지고 있으며,
시트러스계의 풍부하고
향긋한 과일즙이 느껴집니다.

어울리는 음식

초밥, 관자, 갑각류,
석화, 흰살 생선

총평
*General
Review*

'머스트 해브!'

백화점, 대형 마트, 와인 숍 등 와인이 있는 곳 어디에서나 찾을 수 있는 유일한 와인입니다. 그만큼 유명하고 인기 있는 소비뇽 블랑으로, 한번 맛보면 누구나 소유하고 싶은 와인입니다.

스파클링
와인

탄산이 포함된 와인으로, 다양한 와인의 종류 중 가장 독특하고 사랑받는 와인입니다.
자글자글한 기포와 톡 쏘는 탄산의 재치 있고 청량감 넘치는 맛은 입안에 또다른 즐거
움을 선사해줄 겁니다.

알레냐 리제르바 까바 브뤼

Alenyà Reserva Cava Brut

'까바(스파클링 와인의 종류)'는 간단한 양조 방식으로 대량 생산이 쉬운 편이라, 전체 스파클링 와인 카테고리에서 가성비가 좋기로 유명합니다. 까바 중에서도 가장 가성비 좋은 것이라고 한다면 바로 '알레냐'가 떠오릅니다. 국내에서 판매되는 스페인 까바 중에서 가장 인지도가 높은 와인입니다.

WINE INFO

생산국	스페인
생산지	페네데스
품종	자렐로 30%, 파렐라다 20%, 마카베오 50%
적정 음용 온도	8~10℃
알코올 함량	11.5%
판매가격	2만 원대
구매처	와인 숍

—————————————— ❖ **Inside of Wine** ❖ ——————————————

관련 상식

스파클링 와인은 생산지가 어디냐에 따라 부르는
이름이 달라집니다. 스페인의 경우 정해진 지역에
서 생산된 스파클링 와인만 까바*라고 부를 수 있습
니다. 지정되지 않은 지역에서 생산된 건 스파클링
와인이라고만 부릅니다.

* 페네데스 지역에서 스페인 까바의 95%가 생산되고, 그 외 지
역 중 리오하, 발렌시아, 나바라, 지로나, 사라고사, 레이다, 타
라고나, 바다호스에서 생산되면 까바라고 부를 수 있습니다.
우리나라에서 소개하는 많은 와인 책이나 자료에서는 페네데
스만 표시된 경우가 많은데, 이는 페네데스를 제외하고는 대
부분 까바를 생산하지 않고 있기 때문입니다.

언제 마실까?

다양한 음식과 잘 어울려서 파티나 대규모 행사 때
시도하기 좋습니다.

향
시트러스, 살구, 망고, 열대 과일

⋯⋯⋯⋯⋯⋯⋯⋯⋯⋯⋯⋯⋯⋯⋯⋯⋯⋯⋯

맛
가벼운 산미는 기본이고
자글자글한 기포가
청량감을 더해줍니다.
과실 향을 베이스로 하기 때문에
음식과의 궁합이 좋습니다.

⋯⋯⋯⋯⋯⋯⋯⋯⋯⋯⋯⋯⋯⋯⋯⋯⋯⋯⋯

어울리는 음식
회, 초밥, 샐러드, 크림치즈

총평
General Review

'최강의 가성비'

국내에는 다양한 스타일의 까바가 들어오지만, 가성비 좋은 까바로는 '알레
냐'만 한 게 없습니다.

꽁까 도로, 프로세코 뀌베 오로
엑스트라 드라이 밀레시마또

Conca d'Oro, Prosecco Cuvee Oro Extra Dry Millesimato

이탈리아 베네토 지역에서 생산되는 프로세코(스파클링 와인)는 보통 2~3만 원대에 가격이 형성돼있습니다. 스파클링 와인은 생산 지역이나 양조법에 따라 이름이 달라지는데, 이탈리아의 베네토 지역에서 생산된 스파클링 와인은 모두 '프로세코'라고 부릅니다. '꽁까 도로'는 아주 저렴하고도 매력적인 가격에 다양한 수상 경력까지 더해진 가성비 넘치는 프로세코입니다. 2017년 영국 와인 잡지인 〈디캔터〉에 추천 와인으로 선정됐고, 2018년에는 '프로세코 마스터' 금메달을 수상하며 그 퀄리티를 인정받았습니다.

WINE INFO

생산국	이탈리아
생산지	베네토
품종	글레라 100%
적정 음용 온도	6~8℃
알코올 함량	11.5%
판매가격	1만 원대
구매처	와인 숍, 대형 마트

❖ **Inside of Wine** ❖ ───────────

관련 상식

이탈리아 베네토 지역에서 글레라 100%로 만든 스파클링 와인은 프로세코라고 부를 수 있습니다. 프로세코는 포도 품종인 '글레라'의 또 다른 이름 이기도 합니다.

언제 마실까?

프로세코는 저가 스파클링 와인 중 기포가 섬세한 편입니다. 단독으로 즐기기도 좋고 가벼운 샐러드 와 마시기도 좋습니다.

향

과일, 사과, 바나나, 흰 꽃

맛

부드러운 기포감과 함께 은은한 산미와 입안에서 퍼지는 신선한 과실 향을 느낄 수 있습니다.

어울리는 음식

샐러드, 참치, 살라미, 하몽

총평
General Review

'크리미한 버블'

프로세코는 부드럽고 섬세한 기포를 즐기기 좋은데, '꽁까 도로'는 1만 원대임 에도 불구하고 뛰어난 퍼포먼스를 자랑합니다.

프레시넷, 꼬든 네그로 까바 브뤼

Freixenet, Cordon Negro Cava Brut

'프레시넷'은 까바가 만들어지기 시작한 1860년대에 프랑스 상파뉴 지역에서 샴페인을 보고 벤치마킹해 1872년, 첫번째 까바를 생산해낸 전통 있는 생산자입니다. 까바는 대중성에 초점을 맞춰 대량 생산 방식을 통해 저렴하게 전 세계를 공략하고 있습니다. 프레시넷의 여러 라인업 중에서도 '꼬든 네그로'는 병에 담긴 샴페인과 같은 고급 스파클링 와인이라는 의미입니다.

WINE INFO

생산국	스페인
생산지	페네데스
품종	파렐라다 40%, 마카베오 35%, 자렐로 25%
적정 음용 온도	6~8℃
알코올 함량	11.5%
판매가격	1만 원대
구매처	와인 숍, 와인 아웃렛, 대형 마트

❖ **Inside of Wine** ❖

관련 상식

파티에서 가장 필요한 와인을 꼽는다면 단연 스파클링 와인일 것입니다. 기포를 터트려 축하하기 위함이 가장 크지만, 파티용 음식과도 아주 잘 어울리기 때문입니다. 고가의 샴페인을 터트려서 낭비하긴 아쉬우니까요. 그래서 우리는 까바를 마십니다. 터트려도 부담 없고 풍성한 버블로 분위기도 내고 가격까지 저렴하니, 다른 스파클링 와인을 마실 이유가 없죠!

언제 마실까?

파티할 때 이보다 더 좋은 와인은 찾기 힘들 거예요.

향

레몬, 풋사과, 배, 복숭아, 멜론

맛

힘 있는 기포와 군침 돌게 만드는 적절한 산미를 느낄 수 있습니다. 바디감은 가볍고 경쾌합니다.

어울리는 음식

샐러드, 초밥, 해산물

총평
General Review

'둠칫 둠칫'

유니크한 검정색 병에 화려한 버블을 숨기고 있는, 너와 나의 흥을 북돋는 와인입니다.

루이 페드리에, 브뤼 엑셀런스
Louis Perdrier, Brut Excellence

140년의 전통을 지닌 와이너리에서 만드는 대중을 위한 스파클링 와인입니다. 프랑스 스파클링 와인하면 샴페인이 가장 먼저 떠오르지만, 가격이 비싸서 자주 접하기 어렵죠. '루이 페드리에, 브뤼 엑셀런스'는 1만 원대의 가격에도 불구하고 아주 괜찮은 주질을 보여줍니다. 프랑스에서는 잘 사용하지 않는 베르데호 품종으로 만들었기 때문에 프랑스 스파클링 와인에 부여되는 '샴페인' '크레망 드 부르고뉴' 같은 이름은 사용하지 못합니다.

WINE INFO

생산국	프랑스
생산지	부르고뉴
품종	베르데호 75%, 샤르도네 25%
적정 음용 온도	6~8℃
알코올 함량	11%
판매가격	1만 원대
구매처	와인 숍, 대형 마트,

❖ **Inside of Wine** ❖

관련 상식

프랑스에서는 생산지에 따라 같은 스파클링 와인
이라도 부르는 이름이 다릅니다. '루이 페드리에'는
부르고뉴 지역에서 정해진 포도를 사용하지 않고
전통 방식으로 양조하지도 않아 '뱅 무쇠'로 부르
고 있어요.

언제 마실까?

가격은 저렴하지만 고급스러운 외관과 프랑스 스
파클링 와인이라는 버프를 받고 있죠. 지인들에게
가성비 스파클링 와인을 소개할 때 시도해보세요.

향

시트러스, 사과, 배, 건과류

맛

단맛이 없고 부드러운 기포와
부담스럽지 않은 산미를
느낄 수 있습니다.

어울리는 음식

해산물, 샐러드, 연성 치즈

총평
*General
Review*

'너 혹시 샴페인이니?'

샴페인이라고 착각할 만큼 뛰어난 레이블과 패키지를 자랑합니다. 프랑스 스
파클링 와인으로는 정말 보기 드문 저렴한 가격도 장점이지요.

산테로, 피노 샤르도네 스푸만테
Santero, Pinot Chardonnay Spumante

1956년 설립된 '산테로' 와이너리는 전통적인 방식에 현대적인 기술을 접목시켜 현재는 연간 2천만 병의 와인을 생산하는 대규모 와이너리입니다. 《신의 물방울》에서 중저가 와인으로는 드물게 데일리 스파클링 와인으로 추천받기도 했습니다.

WINE INFO

생산국	이탈리아
생산지	피에몬테
품종	피노 블랑코 50%, 샤르도네 50%
적정 음용 온도	6~8℃
알코올 함량	11.5%
판매가격	2만 원대
구매처	와인 숍, 대형 마트

❖ **Inside of Wine** ❖

관련 상식

《신의 물방울》에 소개되는 전설적인 와인들은 대부분 너무 고가이거나 구할 수 없는 와인들인데, '산테로, 피노 샤르도네'는 일반인도 쉽게 접할 수 있는 중저가 와인입니다.

언제 마실까?

《신의 물방울》을 읽고 마시면 아마도 훨씬 더 맛있게 느껴질 거예요.

향

청사과, 시트러스

맛

가벼운 바디감에 은은한 산미,
아주 약간의 잔당감과
부드러운 기포감을
느낄 수 있습니다.

어울리는 음식

치킨 샐러드,
크림 스프, 생선 요리

총평
General Review

'신의 물방울'

《신의 물방울》에서 추천한 몇 안 되는 가성비 스파클링 와인다운 향과 맛을 가지고 있습니다. 《신의 물방울》에 나온 와인들 중 10만 원 미만의 와인들은 모두 다 마셔볼 만합니다.

로저 구라트, 브뤼 로제

Roger Goulart, Brut Rose

'로저 구라트'의 역사는 약 140년 전부터 시작됐습니다. 프랑스 상파뉴 지역에서 사용하는 전통 방식으로 까바를 만들며 오늘날 프리미엄 까바로 자리 잡고 있죠. 다른 까바들에 비해 병입 숙성 기간이 길고, 버블이 샴페인처럼 섬세한 것이 특징입니다. 일반인을 대상으로 한 블라인드 테스트에서 '돔페리뇽'을 이겼다는 이야기가 전해질 정도로 뛰어난 주질을 지니고 있습니다. 그래서 '빈자의 돔페리뇽'이라 불리기도 합니다.

WINE INFO

생산국	스페인
생산지	페네데스
품종	가르나차 65%, 모나스트렐 30%, 피노 누아 5%
적정 음용 온도	6~8℃
알코올 함량	12%
판매가격	3만 원대
구매처	와인 숍, 대형 마트

❖ **Inside of Wine** ❖

관련 상식

스페인 스파클링 와인을 대표하는 까바는 대중적인 이미지가 강한데, '로저 구라트'는 프리미엄급으로 분류되는 고급 까바입니다. 일본에서 '돔페리뇽 로제'와 '로저 구라트 로제'를 섞고 일반인 패널을 상대로 진짜 돔페리뇽을 찾도록 했는데, 많은 사람들이 로저 구라트 로제를 돔페리뇽으로 지목했다고 합니다.

언제 마실까?

와인만 단독으로 즐기고 싶을 때 눈을 감고 마셔보세요. 돔페리뇽이 생각날지도 모릅니다.

향

붉은 베리

맛

상큼한 버블과
강하지 않은 산미,
미디엄의 바디감을
느낄 수 있습니다.

어울리는 음식

파스타, 치킨, 샐러드, 과일

총평
General Review

'가난한 자들의 돔페리뇽'

양조법도 프랑스 전통 방식이고 레이블마저도 돔페리뇽과 비슷하죠. 하지만 가격은 돔페리뇽에 비할 수 없을 정도로 저렴하기 때문에, '가난한 자들의 돔페리뇽'이라고 할 수 있습니다.

샤를 드 까자노브, 브뤼 밀레짐
Charles de Cazanove, Brut Millesime

프랑스 최대 판매 샴페인 브랜드 7위, '스파클링 와인 메이커 오드 더 이어 2017' 선정에 빛나는 와인입니다. 샴페인은 전체 스파클링 와인 중 가장 비싼 축에 속하는데, '까자노브' 브랜드는 국내에서 특히 저렴하게 유통되는 거의 유일한 샴페인입니다. 샴페인은 보통 빈티지가 없는 논 빈티지가 많습니다. 빈티지가 표시돼 있다면 최소 10만 원은 넘어간다고 봐도 될 정도로 빈티지 샴페인의 가격은 고가에 형성돼있습니다. 하지만 '샤를 드 까자노브, 브뤼 밀레짐'은 다른 빈티지 샴페인에 비해 가격은 반값 정도지만, 맛과 향은 그에 못지않죠. 가성비가 아주 뛰어난 샴페인입니다.

WINE INFO

생산국	프랑스
생산지	상파뉴
품종	피노 누아 60%, 샤르도네 40%
적정 음용 온도	10~12℃
알코올 함량	12%
판매가격	5만 원대
구매처	대형 마트

─────────── ❖ **Inside of Wine** ❖ ───────────

관련 상식

스파클링 와인 중에서 가장 고가에 속하는 게 샴페인입니다. NV(논 빈티지) 와인은 쉽게 구할 수 있지만, 빈티지가 표시된 밀레짐 샴페인은 구하기도 어렵고 가격도 10만 원이 훌쩍 넘어가는 편입니다. 빈티지 샴페인은 매우 고급스러운 스파클링 와인에 속한다고 보면 됩니다.

언제 마실까?

충분한 시간을 두고 천천히, 그리고 오롯이 샴페인을 즐기고 싶을 때 시도해보세요.

향
견과류, 오크, 청사과,
흰 꽃, 미네랄

맛
아주 잘 익은 샴페인의
부드러운 기포와
섬세한 산미를 느낄 수 있으며
밸런스가 뛰어납니다.

어울리는 음식
초밥, 샐러드, 햄류, 육류

총평
General Review

'축복받은 샴페인'

5만 원대의 가격으로 이렇게나 멋진 샴페인을 마실 수 있는 건 축복입니다.

파이퍼 하이직, 뀌베 브뤼
Piper Heidsieck, Cuvee Brut

1785년 플로렌스 루이 하이직이 자신의 이름을 딴 샴페인 하우스를 설립해 '하이직'으로 시작했습니다. 이곳에서 나온 최상급 와인인 '뀌베 레어(Cuvee Rare)'는 1985년 설립 200주년을 맞아 명품 주얼리 브랜드 '반 클리프 아펠'에 디자인을 의뢰해 탄생시킨 명품 와인으로 유명하죠. 또한, 프랑스 칸 영화제 공식 샴페인으로 사용되기도 합니다. 마릴린 먼로가 가장 사랑했던 와인으로, 그녀가 파이퍼 하이직 한 잔으로 아침을 시작했다는 일화는 아주 유명합니다.

WINE INFO

생산국	프랑스
생산지	상파뉴
품종	피노 누아 60%, 샤르도네 25%, 피노 뫼니에 15%
적정 음용 온도	6~8℃
알코올 함량	12%
판매가격	6만 원대
구매처	대형 마트

❖ **Inside of Wine** ❖

관련 상식

스파클링 와인 중 고급스러운 샴페인은 유명 인사와의 스토리가 많죠. '파이퍼 하이직'의 경우 마릴린 먼로가 가장 사랑한 스파클링 와인으로 알려져 있습니다.

언제 마실까?

축하할 일이 있을 때 함께 하면 더욱 자리를 빛내줄 거예요.

향

사과, 배, 시트러스, 빵, 이스트

맛

놀라울 정도로 부드럽고
많은 버블과 기분 좋은 산미가
입안을 꽉 채워줍니다.

어울리는 음식

돼지고기, 연어, 참치,
갑각류, 크림치즈

총평
General Review

'인싸 와인'

'파이퍼 하이직'을 마시면 마치 마릴린 먼로처럼 '인싸'가 되는 마법을 느낄 수 있을 거예요.

볼랭저, 스페셜 뀌베 브뤼
Bollinger, Special Cuvee Brut

200여 년의 역사를 자랑하는 '볼랭저'는 영국 왕실이 사랑하는 왕실 공식 샴페인으로 유명합니다. 1981년 찰스 왕세자의 결혼식에도 공식 샴페인으로 사용됐죠. 영화 〈007〉 시리즈에서도 볼 수 있는데, 1973년 〈007 죽느냐 사느냐〉 편에서 제임스 본드가 마시는 장면을 시작으로 영화에 쭉 등장하기도 했습니다. 제임스 본드라는 캐릭터 이미지 때문인지 '볼랭저'는 남성성을 대표하는 샴페인으로 알려져 있습니다.

WINE INFO

생산국	프랑스
생산지	상파뉴
품종	피노 누아 60%, 샤르도네 25%, 피노 뫼니에 15%
적정 음용 온도	6~8℃
알코올 함량	12%
판매가격	9만 원대
구매처	대형 마트

✦ **Inside of Wine** ✦

관련 상식

와이너리에서 만들어지는 가장 저렴한 등급인 엔트리급 샴페인에는 고급 포도 사용량이 매우 적은 편입니다. '볼랭저, 스페셜 퀴베 브뤼'는 엔트리급 샴페인임에도 1등급 포도가 약 80% 이상 들어갑니다.

언제 마실까?

섬세한 음식에 곁들이면 음식의 맛을 배가해줄 거예요.

향

열대 과일, 견과류, 브리오슈

맛

입안을 깔끔하게 해주는
뛰어난 산미와 고급스럽고
섬세한 버블을 느낄 수 있으며,
미디엄 바디감을 가지고 있습니다.

어울리는 음식

초밥, 하몽, 살라미,
조개류, 갑각류

총평
General Review

'우아한 귀족'

영국 왕실의 사랑을 듬뿍 받는 샴페인으로, 일반인들에게는 선망의 대상이 되는 샴페인입니다.

Part 3

실전 와인
구매 가이드

일상으로 스며들다
와인, 어디에서 살까?

왠지 와인은 구매하는 것부터 어렵게 느껴집니다. 특히 와인에 대해 잘 모르는 초보자들에게는 더더욱 그럴 거예요. 큰맘 먹고 구매하려고 하는데 막상 어디로 가야 할지 몰라 망설이게 되죠. 그런 분들을 위해 와인 구매처에 대해 알려주고자 합니다. 의외로 우리 주변 곳곳에 있답니다.

❖ 우리 주변에서 와인을 살 수 있는 곳들

몇 년 전까지만 해도 와인을 구매할 수 있는 곳은 대형 마트와 와인 숍이 전부였습니다. 살 수 있는 곳도 많지 않은데, 와인의 종류마저 적어서 원하는 와인을 구매하는 일이 쉽지 않았죠. 하지만 요 몇 년 사이 와인을 취급하는 곳이 급격하게 증가했고, 기존에 와인을 판매하던 곳도 와인의 양과 종류를 눈에 띄게 늘렸습니다. 그러자 국내 와인 소비량도 증가했죠. 여기서 주목해야 할 부분은 대형 마트가 와인을 취급하고 있다는 것과 편의점의 와인 매출이 증가했다는 것입니다. 과거 우리나라에서는 와인이라 하면 다른 나라에서 온 고급 주류로만 여겨졌죠. 하지만 유럽과 같이 와인이 보급화된 곳에서는 매일 마시는 음료라는 인식이 강합니다. 그래서 언제 어디서든 와인을 구입할 수 있는데, 우리나라도 이제는 접근성 좋은 집 앞 슈퍼나 편의점에서도 와인을 구할 수 있게 된 겁니다.

* 국내 와인 판매처(2021년 10월 기준)

대형 마트	이마트, 롯데마트, 홈플러스, 코스트코, 이마트 트레이더스 등
백화점	롯데백화점, 현대백화점, 갤러리아백화점 등
와인 전문 숍	개인이 운영하는 소규모 숍, 프랜차이즈 형태의 가맹 숍 등
대형 와인 아웃렛	춘천 세계 주류, 떼루아 와인아울렛, 라빈 리커스토어 등
편의점	세븐일레븐, GS25, CU 등
대형 슈퍼마켓	조양마트, 새마을 구판장 등

대형 마트

이마트
롯데마트
홈플러스
코스트코
이마트 트레이더스

1. 분기별 와인 장터가 열리는 마트

'이마트' '롯데마트' '홈플러스'의 경우, 분기별로 정기적인 와인 할인 장터가 열립니다. 해당 마트 와인 코너에 할인 행사 소식을 받고 싶다고 이야기해두면 문자 또는 이메일로 정보를 얻을 수 있습니다. 또한, 마트 전용 어플리케이션으로 비정기적 할인 행사 소식도 확인할 수 있습니다. 다만 상시 가격은 할인 폭이 크지 않습니다.

2. 상시 가격이 저렴한 마트

'코스트코'는 앞서 이야기한 세 곳의 마트와는 조금 다릅니다. 정기적으로 진행되는 전체 와인 할인 행사가 없는 대신, 상시 가격이 굉장히 저렴합니다. 비정기적으로 시행되는 행사가 있는데, 일부 리스트의 행사 가격이 굉장히 매력적입니다. 하지만 코스트코의 가장 큰 장점은 역시 와인 리스트가 자주 변경된다는 점입니다. 최근 우리나라에 수입되는 와인의 종류가 셀 수 없이 많기 때문에 와인 종류의 변화는 무척 중요한 포인트입니다.

3. 다양한 할인 행사 기획이 돋보이는 마트

'이마트 트레이더스'도 역시 와인의 종류가 아주 많지는 않습니다. 하지만 와인 리스트 변경이 비교적 빠른 편이고, 대형 업체의 이점이라고 할 수 있는 카드사와의 협업으로 저렴하게 와인을 구매할 수 있습니다. 다만, 코스트코처럼 상시 가격이 좋은 게 아니라 전체 와인 할인 행사를 기획해서 행사 기간에만 저렴하게 판매하는 형식을 띠고 있습니다.

백화점

롯데백화점

현대백화점

갤러리아백화점

1. 선물용 와인을 구매하기 좋은 곳

백화점은 '비싸다'와 '고급스럽다'가 공존하는 곳입니다. 다른 판매처보다 비싸긴 하지만, 공간의 상징성이 주는 고급스러움이 있고 와인을 포장하는 패키지도 조금 더 성의가 있죠. 백화점 멤버십을 활용하면 추가 혜택을 받을 수도 있고요. 내가 바로 마실 와인을 찾는다면 굳이 그런 고급스러움과 겉 포장이 필요 없지만, 누군가에게 선물할 와인을 찾는다면 같은 와인이라도 백화점의 상징성, 포장 패키지 등이 도움이 되겠죠?

2. 와인 레어템 발굴 & 단골의 장점이 명확한 곳

무엇보다 백화점의 최대 장점이라고 하면 바로 파인 와인과 레어 와인을 만날 수 있다는 겁니다. 100만 원이 넘는 고가의 와인이나 구하기 어려운 희귀 와인도 백화점 와인 셀러에서는 찾을 확률이 아주 높습니다. 이런 와인들을 원한다면 마트보다는 백화점으로 가는 게 효과적이죠.

그리고 백화점도 각 매니저에 따라 추가 할인 권한을 가지고 있으니 단골이 된다면 조금 더 저렴한 가격으로 와인을 구매할 수 있을 겁니다. 백화점이라는 구매처는 명확하게 장점과 단점이 공존하는 곳이니 이 점을 유념하고 자기의 상황에 맞는 판매처를 찾으면 될 거예요.

합리적인
와인 구매법

와인은 병을 아무리 들여다봐도 가격이 얼마인지 알 수가 없고, 포털 사이트 검색에 나오는 권장 소비자 가격도 신뢰도가 떨어집니다. 요즘에는 실제 판매 가격과 차이가 좁아지고는 있지만, 대부분의 권장 소비자 가격이 터무니없이 높게 책정돼있습니다. 내가 구매하는 와인이 합리적인 가격인지 알아채기 어렵죠. 그런 점이 와인을 더 어렵게 느끼도록 만듭니다. 그렇기 때문에 '정상가가 얼마인데 할인가가 얼마다!'라는 상술은 조심할 필요가 있습니다.

❖ 와인 할인 행사 꿀팁

합리적인 가격으로 와인을 구매하기 위해서는 와인 할인 행사를 주목해야 합니다. 와인은 다양한 채널(대형 마트, 와인 숍, 편의점 등)에서 다양한 행사를 통해 할인 가격에 와인을 선보이고 있습니다. 특히 대형 마트의 경우, 할인 행사가 수시로 있으니 마트에 갈 때마다 어떤 할인 행사가 있는지 눈여겨보면 좋습니다.

> *** 대형 마트 할인 행사**
>
> - 판매 식자재와 결합한 할인 행사
> - 한 병 사면 한 병 더 주는 '1+1' 행사
> - 레이블에 흠집이 난 와인을 저렴하게 판매하는 '레이블 불량 할인' 행사
> - 수많은 종류를 행사가로 구매할 수 있는 분기별 와인 장터

분기별 와인 장터 활용

분기별 와인 장터에는 수백여 종에서 많게는 천여 종이 넘는 다양한 와인이 할인가로 나옵니다. 주로 상반기(5월경)와 하반기(10월경)에 한 번씩 이뤄지는데, 이런 행사를 이용하면 평소보다 저렴하게 와인을 구매할 수 있죠. 평소에 선뜻 마시기 어려웠던 5만 원 이상의 고가 와인들을 저렴하게 구매할 수 있는 절호의 기회이기도 하고, 자주 마실 수 있는 데일리 와인들을 저렴한 가격에 득템할 수 있는 기회이기도 합니다.

이런 할인 행사 기간에는 특정 와인을 소량 한정으로 저렴하게 판매하는 경우도 있습니다.

거의 원가에 가까운 파격적인 가격으로 판매가 이뤄지죠. 하지만 그런 경우 누구나 다 사고 싶어하기 때문에 와인을 사기 위한 줄이 늘어진 진풍경이 펼쳐지기도 합니다. 그래서 이런 와인을 '줄서기 와인'이라 부르기도 합니다.

> **＊ 할인 정보는 미리미리**
>
> • 대형 마트 와인 코너 및 소규모 와인 숍, 대형 와인 아웃렛에 미리미리 할인 행사 정보 수신 문의를 해두면 행사 정보를 이메일이나 문자로 수신받을 수 있습니다.
> • 해당 판매처의 SNS 및 다양한 매체를 통해 정보를 확인할 수 있습니다.

와인 어플리케이션 및 사이트 활용

각종 와인 어플리케이션과 인터넷 사이트를 통해 와인 정보를 얻을 수도 있습니다. 이곳에서는 와인의 평점과 평균 가격을 확인할 수 있고, 각종 행사 정보도 얻을 수 있습니다. 와인을 저렴하게 구매하기 위해서는 약간의 노력이 필요할 수밖에 없습니다. 복잡하고 귀찮다 생각이 들더라도 원하는 와인을 저렴하게 구매했을 때의 기쁨이 그 노력을 보상해줄 거예요.

> **＊ 와인 정보를 얻을 수 있는 어플리케이션 및 사이트**
>
> | 비비노
VIVINO | 와인 서처
Wine-Searcher | 와인 스펙테이터
Wine Spectator |
> | --- | --- | --- |
> | 전 세계 와인 애호가들이 사용하는 글로벌 어플리케이션입니다. 품종, 지역, 가격 등의 정보를 제공합니다. 와인을 마신 사람들이 5점 만점으로 점수를 주고, 그 평점을 확인할 수 있습니다. | 글로벌 와인 숍 포털 사이트로, 세계 각국에 있는 와인 숍에서 판매되는 와인의 가격을 확인할 수 있습니다. 찾고자 하는 와인의 글로벌 평균 가격을 확인할 수 있습니다. | 미국에서 가장 유명한 와인 매거진으로, 와인 리포트와 평가를 제공합니다. 1년에 한 번, 연말에 '와인 스펙테이터 100대 와인'을 발표합니다. 각국 빈티지 차트도 확인할 수 있고, 유료 결제 시 더 다양한 정보를 얻을 수 있습니다. |

더 즐거운 와인 라이프를 위한
와인 숍 위치 지도

원하는 와인이 있다면 어디서 구입할 수 있을까요? 이 책을 읽은 뒤, 와인을 직접 구매하고자 하는 분들을 위해서 수도권과 수도권 근처의 와인 숍 가운데 방문할 만한 곳을 몇 군데 추천하겠습니다.

Seoul
서울 지역

와인샵 친친
서울특별시 마포구 공덕동 467

—

주로 내추럴 와인을 취급하지만, 국내에 소량으로만 들어오는 귀한 부르고뉴 와인이나 이탈리아 와인을 많이 취급하고 있습니다. 사장님의 와인 선택이 돋보이는 와인 숍입니다.

비노클럽
서울특별시 마포구 상암동 1680

—

규모는 작지만 숨겨진 보석 같은 와인들을 발굴해 소비자들에게 선보이는 와인 숍입니다.

현대백화점(목동점)
서울특별시 양천구 목동동로 257

—

백화점의 경우, 여러 업체가 한 점포 안에 모여있는 경우가 많은데 이곳은 소수 와인 수입사들이 직접 운영한다는 것이 장점입니다. '나라셀라' '금양와인' '엠제이에이와인' 등의 와인 수입사들이 모여있습니다.

와인숲
서울특별시 서초구 서초동 1536-13 곤산빌딩 1층

—

익숙한 대중적인 와인들을 합리적인 가격에 소개하는 와인 숍입니다.

Other Area
그 외 지역

와인앤모어(청담점)
서울특별시 강남구 청담동 86-2

—

신세계 L&B에서 운영하는 체인형 와인 숍으로, 여러 곳에 지점이 있지만 청담점은 와인 리스트가 다양하기로 유명합니다. 할인 행사를 자주 하기 때문에 행사를 잘 활용하면 더욱 저렴한 가격으로 구매할 수 있는 곳입니다.

롯데백화점(잠실점)
서울특별시 송파구 올림픽로 240

—

백화점 매장은 평소 가격이 비싼 편이지만, 1년에 두 번 열리는 와인 장터를 이용하면 보다 합리적인 가격으로 와인을 구매할 수 있습니다. 와인 장터가 아니더라도 백화점 자체 상품권 행사를 이용하는 것도 좋은 방법입니다.

포레드뱅
서울특별시 강남구 역삼동 606-3

—

부르고뉴 와인과 샴페인을 전문적으로 취급하는 와인 숍입니다.

춘천 세계 주류 마켓
강원도 춘천시 동내면 학곡리 5-14

—

생긴 지는 오래되지 않았지만 다양한 와인을 저렴한 가격으로 판매하고, 와인뿐 아니라 위스키, 지역 막걸리, 한국 와인 등을 함께 취급하는 와인 아웃렛입니다.

떼루아 와인아울렛
경기도 김포시 고촌읍 신곡리 345-15

—

우리나라에서 두 번째로 오픈한 최고의 와인 아웃렛으로, 1년에 네 번 진행되는 와인 할인 행사를 잘 활용하면 다양한 와인을 아주 저렴한 가격에 구매할 수 있는 곳입니다.

포도내음
경기도 하남시 덕풍동 834

—

강남 지역에서 가장 접근이 편한 와인 아웃렛으로, 오랜 경력을 가진 대표님이 직접 와인을 선정하기 때문에 질 좋은 와인들이 많은 곳입니다.

짐작하기 어려운 가격
해외 판매가 들여다보기

와인은 제품에 소비자 권장 가격이 표시돼있지 않습니다. 겉만 봐서는 와인의 가격을 짐작하기 어렵죠. 와인 판매점에서 정해놓은 가격을 믿을 수밖에 없는 구조입니다. 이럴 때 기준으로 삼을 수 있는 방법이 있는데, 바로 해외 판매 가격을 알아보는 것입니다.

❖ '와인 서처' 사이트 활용하기

해외 판매가를 알아보려면 와인이 생산된 각 국가의 와인 판매 사이트를 찾아보는 방법이 있습니다. 하지만 일일이 찾으려면 여간 어려운 일이 아닙니다. 미국에 '와인 서처(www. wine-searcher.com)'라는 포털 사이트가 있습니다. 이곳에 들어가서 와인 이름을 입력하면 해당 와인을 판매하는 국가의 와인 숍이 검색되고 판매 가격까지 확인할 수 있습니다. 국내 상황을 고려했을 때 해외 가격의 1.5배 정도의 가격이라면 적당합니다. 구매하고자 하는 와인이 해외 가격과 2~3배 이상 터무니없이 차이가 난다면 구매를 고려해봐야 합니다.

＊ '와인 서처' 검색 내용

❶ 검색란에 원하는 와인을 검색합니다.

❷ 검색 후 원하는 빈티지 버튼을 누르면 빈티지별 해외 평균 가격이 나옵니다.

❸ 와인명 아래 'Avg Price' 부분이 해외 평균가입니다. 보통 평균 가격보다 1.5배면 보통 가격, 그 이하면 좋은 가격입니다.

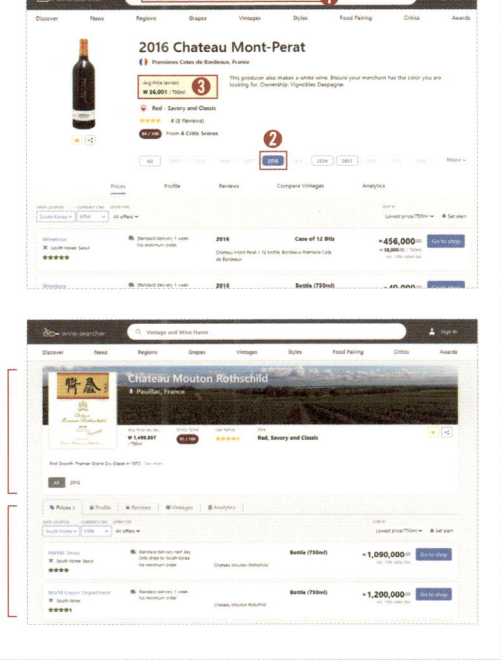

• 검색한 와인 평균가, 평점 등의 정보

• 해당 지역 내 매장 및 가격 정보
• 매장 사이트로 연결

Outside

와인이 있는 삶

키워드로 읽는
와인디렉터 양갱

와인디렉터 양갱의 머릿속에는 어떤 생각들이 자리 잡고 있을까요?
또 다른 양갱이 되고 싶은 와인 초보자들에게 알려드립니다.

#와인디렉터

#와인_후기

#와인_숍

#나라별_와인_비교

#와인_고르는_법

#접근성

#와인_용어

#와인_리뷰

#와인_추천

#고급_와인_시음

#종류별_와인_테이스팅

#마트_와인

#마리아주_와인

#인생_와인

#와인_선물

#와인_철학

#와알못_강좌

#마리아주

#와인_시음회

#와인_추천 #접근성

'와인디렉터 양갱'은 무엇보다 와인의 접근성을 중요하게 생각하고 있습니다. 와인을 추천할 때도 누구나 쉽게 사서 마실 수 있는 와인을 빼놓지 않죠. 그래서 대형 마트에서 판매하는 와인을 많이 소개하는 편입니다. 마트에서 와인 코너를 찾아가 보세요. 출입문이 따로 없고 마트의 동선과 이어지기 때문에 거부감 없이 들어갈 수 있습니다. 판매하는 와인의 가격대도 1만 원 이하부터 시작되기 때문에 큰 부담이 없습니다. 대형 마트에 갔을 때 어떤 와인을 마셔야 할지 궁금하다면 유튜브 채널의 '마트 추천 와인' 편을 참고해보세요.

#와알못_강좌 #와인_용어

'와인디렉터 양갱'은 다양하고 어려운 와인 용어를 많은 사람이 익숙하게 느낄 수 있도록 알려주고 있습니다. 어떤 취미를 배우든 전문 용어 또는 그들이 사용하는 용어를 알아야 더 즐겁게 즐길 수 있기 때문입니다. 특히 와인은 외국에서 온 것이라 생소한 용어가 많죠. 어렵게만 생각했던 와인 용어들을 이해하기 쉽게 알려주고자 노력하고 있습니다. 어렵더라도 조금만 관심을 갖고 알아두면 와인을 마시는 즐거움이 더욱 커질 거예요.

#와인_시음회 #종류별_와인_테이스팅

'와인디렉터 양갱'은 오프라인에서 와인숍을 운영하며 종종 와인 시음회를 열고 있습니다. 와인의 최대 장점이라면 다양함을 꼽을 수 있죠. 세상에 많고 많은 게 와인인데, 그걸 모두 다 한 병씩 사서 마시기란 불가능에 가깝습니다. 와인은 적절히 흥을 돋우기 위해서 마시기도 하지만, 오롯이 와인의 맛과 향을 즐기기 위해 마시는 경우도 있어요. 후자의 경우라면 모든 와인을 한 병씩 구매해서 마시기보다 와인 시음회에 참석해서 종류별 와인을 한 잔씩 마셔보는 것이 도움이 될 거예요.

YangGang in Number

숫자로 보는 양갱의 역사

와인디렉터 양갱 채널 개설 날짜

2018년 12월 21일

와인디렉터 양갱 팔로워 남녀 비율

20.7% 79.3%
여성   남성

팔로워 연령대 분포

13-17세	**0.0%**
18-25세	**8.1%**
25-34세	**34.6%**
35-44세	**35.6%**
45-54세	**16.7%**
55-61세	**4.3%**
65세 이상	**0.7%**

와인디렉터 양갱 월간 평균 업로드 영상 개수

8개

와인디렉터 양갱 구독자 최다 활동 시간대

PM 8:00-10:00

와인디렉터 양갱 영상 최다 조회수

526,136회
'와인을 살 때 절대 하지 말아야 할 10가지 꿀팁'

와인디렉터 양갱 총 업로드 영상 개수

총 207개

* 2021년 11월 1일 기준

와인 마니아가
와인 디렉터가 되기까지

Interviewee · 양갱
· 섭PD

어떻게 와인에 관심을 갖고 좋아하게 됐나요?

와인과의 첫 만남은 제가 일하던 레스토랑에서였습니다. 그때 제가 바라본 와인은 떫고 비싼 술일 뿐이었어요. 그러다 문득 그런 생각이 들었죠. '사람들은 왜 저렇게 비싸고 맛없는 술을 좋아할까?' 그래서 다양한 와인들을 시도해보기 시작했습니다. 물론 처음에는 저도 와인이 어렵게 느껴졌습니다. 그런데 어느 순간 와인의 향이 구분되고 섬세한 맛을 느끼게 되면서 와인에 점점 빠져들게 됐습니다:

와인 유튜브를 시작한 계기는 무엇인가요?

저희 또한 와인 초보 시절이 있었습니다. 당시에는 지금보다 정보를 얻기가 더 힘들었죠. 책을 보고, 와인을 오래 즐긴 분들께 이야기로 전해 듣고, 학원을 다니면서 정말 더디게 와인에 대한 정보를 얻었습니다. 지금 생각해보면 정말 비효율적이었던 것 같아요.

20여 년이 넘는 시간 동안 와인 업계에 종사하면서도 여전히 와인은 '그들만의 리그' 같다는 생각이 듭니다. 기존 업계 사람들이 스스로 벽을 쌓는다고 많이 느꼈거든요. 저 또한 그들 중 한 명이었고요.

이미 와인을 잘 알고 있는 사람들이 기득권을 행사하기 위해 입문자들을 무시하는 행태가 만연했던 시절이 있었습니다. 저렴한 와인을 마시면 초보자로 치부하고, 자기가 와인에 대해 조금 알고 있다고 생각하면 상대방에게 그 정보를 일방적으로 주입하려 했죠.

저희는 그런 분위기가 거북했고, 그것을 탈피하기 위해 와인 유튜브를 시작했습니다. 사실 현재 유튜브 채널을 같이 운영하고 있는 섭PD가 제가 '고인물'이라는 걸 깨닫게 해줬습니다. "이 좋은 와인을 왜 이렇게 어렵게 알려줘? 형은 쉽게 할 수 있잖아"라면서요. 정말 한 대 얻어맞은 느낌이더라고요. 그 후, 채널을 개설하고 누구나 쉽게 와인을 알 수 있도록 영상을 제작하고 있습니다. 앞으로도 와인을 쉽게 널리 알리는 사람이 되고 싶습니다.

초보자는 수많은 종류와 다양한 용품 때문에 와인을 더 어렵게 느낍니다. 어떻게 하면 와인에 좀 더 쉽게 입문할 수 있을까요?

와인에 관심을 갖게 되는 이유 중 하나는 와인의 다양한 종류 때문일 거예요. 하지만 너무 다양하다 보니 초보자 입장에서는 어디에서부터 어떻게 시작해야 할지 어려울 수밖에 없습니다. 만약 특별한 날 위주로 와인을 마시는 사람이라면 필요할 때 구매처에서 추천받는 게 가장 좋습니다.

스스로 와인을 알아가며 고르고 싶다고 생각하는 사람은 어느 정도 공부하는 게 좋습니다. 먼저 큰 틀에서 와인의 국가별, 품종별 특징 정도를 파악하고 자신의 취향과 맞는 와인으로 시작하는 게 가장 좋습니다. 특히 가격 상한가를 스스로 정하고 그 이하의 와인들을 마시면서 즐기

는 것이 좋습니다. 다만, 와인을 한순간의 경험으로 마시고 넘기는 것
이 아니라 마신 와인은 꼭 메모하고 기억하는 게 자신의 취향을 빨리 찾
을 수 있는 방법입니다.

와인 관련 용품은 필수 용품인 '코르크스크루(와인 따개)'와 '와인 잔'
만 있으면 됩니다. 디캔터나 에어레이터, 와인 온도계 등은 없어도 와
인을 마시는 데 전혀 문제가 되지 않기 때문에 차차 필요에 따라 구매
하는 걸 추천합니다.

그동안 만나온 손님과 구독자들은
주로 어떤 것들을 가장 궁금해 하나요?

와인 애호가들이 가장 궁금해하는 건 각 와인에서 어떤 향이 나고 맛이
나느냐예요. 하지만 이건 주관적인 경향이 강해서 추천하는 사람과 마
시는 사람의 접점을 찾기 어려운 경우가 많습니다. 와인의 성질을 정확
히 파악해서 어떤 취향을 가진 사람이 좋아할 와인인지 결정하는 건 늘
가장 어려운 일 같습니다. 그다음으로는 와인의 가격입니다. 와인 가격
이 워낙 편차가 크다 보니 애호가 입장에서 이 와인이 합리적인 가격인
지가 궁금한 포인트가 됩니다.

와인을 마시기 좋은 시간이나 날씨, 계절 등이 있나요?

와인은 마시는 시기에 따라 느껴지는 감성이 다릅니다. 예를 들어 로제
와인 같은 경우, 노을이 지는 들판에서 마신다면 더없이 즐거운 경험이

될 겁니다. 쌀쌀한 날씨에는 알코올 도수가 조금 높고 묵직한 스타일의 풀 바디 와인이 좋고, 더운 여름에는 시원하고 가볍게 마실 수 있는 화이트 와인이나 샴페인이 어울립니다.

가장 좋아하는 와인을 하나만 추천해주세요.

개인적으로 좋아하는 와인은 프랑스 보르도 지역에서 생산한 레드 와인입니다. 숙성의 가치를 가장 잘 표현해주는 와인이라 자주 마시고 있습니다. 하지만 국내에서는 숙성된 빈티지를 구하기 어려운 점이 아쉬움으로 남습니다. 와인의 정점이라 불리는 프랑스 부르고뉴 지역에서 생산한 피노 누아도 아주 좋아합니다. 하지만 이 와인은 무척 비싸기 때문에 가산이 탕진될까 두려워 자주 마시지는 못하고 있습니다.

와인을 너무 좋아해서 직업으로 삼고 싶은 사람들은 어떤 일들을 할 수 있을까요? 선배로서 조언을 해주면 좋겠습니다.

최근 들어 와인을 직업으로 삼고 싶은 사람들이 많아지고 있는 것 같습니다. 저 역시 오랜 시간 와인을 업으로 삼아왔습니다. 소믈리에로 시작해서 와인 수입사 영업 사원을 거쳐, 현재는 와인 숍을 운영하는 동시에 유튜브 채널도 운영하고 있습니다. 관심이 있고 좋아하는 마음만 있다면 할 수 있는 것들이 훨씬 더 다양해진 것 같습니다.

다만, 전문성을 필요로 하는 업종이기 때문에 끝없이 공부하고 노력해야만 지속할 수 있는 직업군입니다. 단순히 돈을 벌고자 와인을 업으로 삼는다면 만족하지 못할 수 있으니 말리고 싶습니다. 와인에 대한 열정이 없다면 지속하기 어려운 직업군이기도 합니다.

앞으로의 목표 혹은 계획을 알려주세요.

유튜브 '와인디렉터 양갱'은 와인을 잘 모르는 사람들에게 와인을 쉽게 알려주고 자신에게 맞는 와인을 추천해주는 채널입니다. 와인 추천뿐 아니라 와인에 관한 상식과 꿀팁도 같이 전하고 있죠.

항상 현재에 만족하지 않고 구독자 분들이 원하는 방향으로 발전해나가는 채널로 만들겠습니다. 단순히 와인의 향과 맛, 가격 등 정보만을 전달하는 채널이 아니라 좋은 와인을 함께 나눌 수 있는, 여러분들에게 더 가까이 다가가 공감할 수 있는 채널로 말이에요.

양갱의 공간

와인이 주는 즐거운 경험을 더 많은 사람들에게 전달하고
함께 나누기 위해 만든 공간을 소개합니다.

좋은와인
서울특별시 성동구 독서당로 190
영업시간 12:00 ~ 21:00

**'좋은와인'
입구**

처음 가게를 방문하는 손님들에게 종종 위치를 묻는 전화를 받곤 합니
다. 긴 계단 아래 위치한 가게 입구를 찾지 못한 탓입니다. 고민 끝에 손
님들이 헤매지 않고 가게에 도착할 수 있도록 간판을 만들어뒀습니다.
계단을 따라 내려오면 은은한 조명의 가게 입구가 나타나 마치 수수께
끼의 장소에 들어오는 느낌이 든다는 분들도 있습니다.

와인 저장고

'좋은와인'만의 와인 저장고이자 손님들을 위한 진열대이기도 합니다. 와인을 보관하기에 가장 적합하면서도 손님들에게 와인 한 병 한 병이 매력적으로 보일 수 있는 환경을 조성하기 위해 무척 공들여 마련한 공간이기도 합니다.

이곳에 진열된 와인들 역시 기나긴 고민 끝에 선정한 것들입니다. 약 10년간 와인 숍을 운영하면서 대중이 좋아하는 와인과 저희가 좋아하는 와인 사이에서 많은 고민을 했는데, 내린 결론은 정답이 없다는 것이었습니다. 둘 다 공존해야 한다는 것이었죠. 소비자 개개인의 취향을 파악하고 거기에 맞는 와인을 추천하면 그게 유명하건 유명하지 않건 문제가 되지 않는다는 걸 깨달았기 때문입니다. 가게를 찾아오는 분들에게도 축적된 노하우를 통해 원하는 와인을 맞춤으로 큐레이팅하고자 노력하고 있습니다.

대중적인 와인뿐 아니라 숨겨진 보석 같은 와인들, 생산량이 너무 적어서 구하기조차 힘든 와인들도 취급하고 있습니다. 다양한 와인을 찾아 오는 분들의 눈높이에 맞춰 소개하고 즐길 수 있도록 돕는 것이 저희의 목표입니다.

유튜브
촬영 스튜디오

'와인디렉터 양갱' 유튜브 채널의 콘텐츠가 만들어지는 곳입니다. 숍 오픈 초기에는 와인 저장고나 진열대 앞 등 와인이 보이는 공간을 배경으로 촬영을 진행했지만, 현재는 숍 2층의 스튜디오에서 촬영을 진행합니다. 매장과 가까이 있다 보니 구독자들에게 와인을 다양하게 선정하고 소개하기에 용이합니다. 초보 와인 애호가와 '와알못'들을 위해서 더 좋은 콘텐츠를 기획하려는 와인디렉터 양갱과 섭PD의 노력이 스튜디오 곳곳에 숨어있습니다.

추천 채널 & 사이트

1
유튜브 채널 '김 박사의 와인랩'
구독자 2만 여명

와인 전문가가 다양한 와이너리를 다녀온 현지 경험을 바탕으로 차분하게 와인을 알려주고 와인이 바꾼 인생에 대한 이야기를 들려줍니다. 품종별 비교 테이스팅이나 생산자별 차별점을 분석하고, 와인에 얽힌 이야기를 재미나게 풀어줍니다.

2
유튜브 채널 'Just Drink'
구독자 1만 여명

통통 튀는 젊은 감각으로 다양한 와인들을 쉽게 알려주는 유튜브 채널입니다. 초심자들을 패널로 모집해서 그들의 궁금증을 정확히 파악해, 생생하고 리얼한 콘텐츠를 제작하기도 합니다. 초심자들이 들어도 어렵지 않은 용어를 사용하며 인기를 끌고 있습니다.

3
유튜브 채널 '제인 와인 하우스'
구독자 1만 여명

와인 자격증 'WSET' 4단계를 패스한 와인 전문가가 운영하는 유튜브 채널입니다. 귀에 쏙쏙 들어오는 차분한 진행으로 와인에 대한 정보를 얻을 수 있습니다. 예능적 즐거움보다 아카데믹한 스타일의 채널로, 와인에 대해 더 깊고 넓은 지식이 필요한 분들이 구독하면 좋을 채널입니다.

KI신서 10018

세상에 맛있는 와인이 너무 많아서

1판 1쇄 발행 2022년 1월 3일
1판 5쇄 발행 2023년 2월 1일

지은이 와인디렉터 양갱(양경훈, 박경섭)
펴낸이 김영곤
펴낸곳 (주)북이십일 21세기북스

인문기획팀장 양으녕 책임편집 이지연
디자인 엘리펀트스위밍 교정교열 김사랑
출판마케팅영업본부장 민안기
출판영업팀 최명열 김다운
마케팅1팀 배상현 한경화 김신우·강효원
e-커머스팀 장철용·권채영
제작팀 이영민 권경민

출판등록 2000년 5월 6일 제406-2003-061호
주소 (10881) 경기도 파주시 회동길 201(문발동)
대표전화 031-955-2100 팩스 031-955-2151 이메일 book21@book21.co.kr

(주)북이십일 경계를 허무는 콘텐츠 리더
21세기북스 채널에서 도서 정보와 다양한 영상자료, 이벤트를 만나세요!
페이스북 facebook.com/jiinpill21   **포스트** post.naver.com/21c_editors
인스타그램 instagram.com/jiinpill21   **홈페이지** www.book21.com
유튜브 youtube.com/book21pub

당신의 일상을 빛내줄 탐나는 탐구 생활 <탐탐>
탐탐 채널에서 취미 생활자들을 위한 유익한 정보를 만나보세요!
인스타그램 @21_arte

© 양경훈 박경섭, 2022
ISBN 978-89-509-9850-9 13590